图书在版编目（CIP）数据

中国古代文化常识 / 杨江敏编著. --西安：三秦出版社，2017.9（2018.3重印）

（中华经典国学口袋书 / 徐喜平主编）

ISBN 978-7-5518-1547-5

Ⅰ. ①中… Ⅱ. ①杨… Ⅲ. ①中华文化－文化史－古代 Ⅳ. ①K220.3

中国版本图书馆CIP数据核字（2017）第194145号

出 品 人　支旭仲
项目策划　匡俊英　白忠平
责　　编　贾　云
封面设计　陈　非
版式设计　高东海
内文排版　白英华

出版发行　陕西新华出版传媒集团　三秦出版社
地　　址　西安市北大街147号
电　　话　（029）87205121
网　　址　http://www.sqcbs.cn

规　　格　720mm×910mm　1/32
　　　　　印张8　彩插8　字数144千字
印　　刷　西安新华印务有限公司（独家承印）
版　　次　2017年9月第1版　　2018年3月第2次印刷
标准书号　ISBN 978-7-5518-1547-5
定　　价　18.00元

凡有缺页、倒页、脱页，可与工厂直接调换。电话：029-84273850

中国古代文化常识

杨江敏·编著

陕西新华出版传媒集团
三秦出版社

中国古代文化常识

彦江黄·编著

三秦出版社
陕西新华出版传媒集团

出版说明

中华文明源远流长，上下五千年，圣贤相继，英才辈出，他们殚精竭虑、呕心沥血，为后人留下了一部部经典作品。这些“经典”如同金砖玉瓦，构建成了一座金碧辉煌的殿堂，我们称之为“国学”。其内容宏富，博大精深，可谓是中华思想文明的浓缩，中国传统文化的精髓，是先贤遗留下的宝贵精神财富，值得好好传承和大力弘扬。越来越多的人们认识到其价值，读国学、诵经典的热潮正在蓬勃兴起，既有数字阅读的风生水起，更有坚守或者回归传统纸质阅读的蔚然成风。

读纸质书，无疑有着其他阅读方式所无法比拟的独特体验，一册在手，可以边读边做批注、写札记、勾画重点，也可以掩卷深思，细细品读。这种探究式阅读方式，有利于人们学习知识、启迪智慧、提升修养、提高境界，也有利于培养孩子们安静学习、锤炼思想、闻着书香做学问的良好习惯。

为了倡导全民阅读，特别是推进纸质阅读，营造爱书、品书氛围，同时考虑到当下人们的生活日趋丰富多彩且节奏加快，闲暇时间越来越碎片化，读书时间相对减少，我们从浩如烟海的国学经典中精心遴选了80部，并对书的内容作了适度精简，编辑出版了“中华经典国学口袋书”系列丛书，希望吸引更多的人回归传统阅读，重视国学经典。“口袋书”，顾名思义就是可以放在口袋里的书籍，其目的就是为读者奉献易于携带、便于翻阅、开卷有益的精神食粮。使他们于居家出行、茶余饭后，随时信手展读，含英咀华，增知怡情。

本丛书涵盖了经史子集、诗词曲赋、笔记信札、经典名句赏析，可谓贯通古今、包罗万象，能够最大限度满足各层面读者的阅读需求。书中既有对照古籍原文的“白话文”，又有介绍典故出处、时代背景、人物事迹等辅助阅读的“注释”，还配以帮助读者理解和提高的“赏析”。使对国学造诣程度各异的读者都可以做到读通、读懂，真正做到了老少皆宜、雅俗共赏。

这套书不仅在内容上编排严谨、注解精当；在外观上也充分彰显书籍之美，版式新颖，设计考究、印装精美，必定会成为您工作生活中的良师益友，带给您全新的阅读感受。

前 言

学习和继承祖国的文学遗产，了解和掌握文学的专有名词、术语颇为重要。要读懂文言文，只有字、词、句方面的知识是不够的，因为古代诗文反映的是古代社会的现实，涉及当时特定的文化背景，所以了解一些古代文化知识是十分必要的。

社会的日新月异，使人们不断地去接受新事物、新知识、新文化，从而疏远了古代的文化以及常识，为了弥补这个缺陷，我们编了这本《中国古代文化常识》以供读者回顾。本书在编写过程中按岁时节令、传统风俗、文化名人、文化典籍、官职衙署、科举教育、文体流派、文字书画、音乐舞蹈、刑名法律、帝王宫廷、礼制政事、社会阶层、宗法家庭、姓名称谓等十余个方面，对近千余条古代文化知识作了简明地讲解。

目　录

岁 时 节 日

元　旦

“元旦”指一年的第一天。“元旦”一词，最早出自南朝梁诗人萧子云《介雅》诗：“四气新元旦，万寿初今朝。”元旦又称元日、元正、元辰、元春、元朔等。我国历代的元旦日期并不一致：夏代在正月初一；商代在十二月初一；周代在十一月初一；秦统一中国后，又以十月初一为元旦；汉武帝时又恢复夏历，以正月初一为元旦，自此相沿未改。

除　夕

大年三十被称做除夕。《吕氏春秋·季冬纪》记载：古人在新年的前一天，击鼓驱逐“疫疬之鬼”，这就是除夕节的由来。除夕节全家要团聚，在一起吃年夜饭，以示合家团圆、美满幸福。北方大多吃饺子，有辞旧迎新、合和美满之意；而南方，年夜饭中少不了一道全鱼菜，取“年年有余”之意。全国各地几乎都有用江米面或黍子面做年糕的习俗，寓意“年年高”。除夕之夜民间有守岁的

习俗，象征除旧迎新。除夕夜讲究灯明火旺，少不了烟花爆竹。俗语道：新年到，新年到，姑娘要花，小子要炮……

清明节

中国农历的二十四节气中，农历三月上旬被称为清明，后来人们就把公历四月五日或六日作为清明节。清明节前后天气转暖，风和日丽，大地披上绿裳，所以称为清明。清明时节是踏青旅游的好时间，人们放风筝、荡秋千。与此同时，还有一项重要的活动就是扫墓。许多人准备好礼货、果品，到已故亲友的墓前祭拜。这种习俗早在周朝就已形成。清明的前一天被称为“寒食”，禁止生火煮食，只吃冷食。

端午节

农历五月初五是端午节，又名端阳节、端五节、重午节。古人在这天以兰草汤沐浴，又称浴兰节。道教则称此日为“地腊节”。明清时的北京人又称端午节为“女儿节”“五月节”。端午是中国夏季最重要的节日，它的起源有不同的说法。据考证：五月初五本来是龙的节日，古代江南水乡的吴越人信奉龙为图腾，每到端午节这天要举行各种祭祀活动。战国时期楚国的爱国诗人屈原忠君爱国，却遭到诽谤被放逐。秦国攻占郢都，他悲愤交加，不忍看到国家灭亡和自己政治理想的破灭，于公元前278年农历五月初五这天投江自杀，以身殉国。

后来人们将端午节转用来纪念他。本来与龙的节日有关的赛龙舟、吃粽子的习俗，其意义也发生了变化，成为祭吊屈原的活动。五月五日时值初夏，天气渐热，病疫容易发生，在中国古代被认为是“恶月”“恶日”，于是人们喝雄黄酒，在门前挂上菖蒲、艾草，以避灾驱邪保平安。

七 夕 节

农历七月七日晚是中国传统节日中的七夕节。七夕节起源于牛郎织女的神话传说。中国北方农村有这样的风俗：七月初七这一天，摆上瓜果，向织女乞巧，意思是希望织女把一手巧艺传给人间，因而七夕节也叫乞巧节。早在汉代就已有了乞巧风俗。《西京杂记》上记载：“汉宫中采女常于七月七日穿七孔针于开襟楼。”七夕节时，妇女们不仅可以向织女乞求技艺，还可以根据自己的不同情况和心愿向织女祈福、祈寿、祈子等。民间还有一种风俗：就是每到七月初七这一天，就把新出嫁的闺女接回娘家，原因是怕王母娘娘看到新婚夫妇的幸福生活后，强迫他们分开。人们用暂分离的办法，避开王母娘娘，以求长久的团圆，所以这一天也叫避节。

中 秋 节

农历八月十五的中秋节，是中国传统节日中以庆贺为主的节日，也是仅次于春节的第二大节日。中秋节的

起源有不同的说法。有说源于秋祭，因为此时庄稼成熟，人们祭祀土地神，以谢神庆丰收；有说源于古代的拜月习俗。不管怎样说，中秋习俗都与月亮有关，如祭月、赏月、吃月饼等。中秋节有吃月饼的习俗，相传源于唐明皇。唐明皇游月宫后，每年中秋与杨贵妃赏月。赏月时，一边品尝形如秋月的甜饼，一面欣赏歌舞，月饼大概由此源起。圆圆的月亮，圆圆的月饼，都象征团圆之意。中秋节新人团圆是相沿已久的习俗，故俗称“团圆节”。

重阳节

农历九月初九被称为重阳节，又称“重九节”“茱萸节”。重阳登高，最早见于梁代吴均《续齐谐记》一书。大意是：东汉时，汝南汝河一带瘟魔为害，疫病流行，到处都有呻吟痛苦之声。有个叫桓景的人，历经艰险，到山中拜费长房为师，以求消灾救人的法术。一天，费长房对桓景说：“九月九日瘟魔又要害人，你快回去搭救父老亲人。”并告诉他：“那天登高，再用红布袋装上茱萸扎在胳膊上；喝菊花酒就能消灭瘟魔、免除灾殃。”桓景回乡，遍告乡亲。九月九日那天，汝河汹涌澎湃，云雾弥漫，瘟魔来到山前，因菊花酒气刺鼻、茱萸异香熏心，被桓景斩杀于山下。傍晚，人们下山返回家园，只见牲畜都暴死，而人们却安然无恙。从此，重阳登高避难的习俗就世代相传了。

腊　八

“腊”是古代的一种祭礼，即一年风调雨顺，喜获丰收，到了年底举行的一种对天地神灵的答谢祭祀活动。古代中国人多在十二月腊祭先祖百神，因而把十二月称做腊月。后来这个腊祭的日子就选定在每年的十二月初八，即称腊八。到了南北朝时期，腊八就成为祭祀节日了，腊八节主要是供献天帝、祭祀神灵、祭奠祖先、祭鬼禳灾等，后来又增加了“赤豆打鬼”和吃“腊八粥”等风俗。

春龙节

我国民谚有“二月二龙抬头”的说法，因为农历二月初二这一天，一般总和惊蛰这个节气靠近。惊蛰的意思是冬眠蛰伏的动物被春雷惊醒，即使睡了一冬的龙也不能例外。这就是我国民间二月初二龙节的来历。二月二这天，人们做龙鳞饼、龙须面吃，有的地方还不让妇女做针线，以免“刺伤”龙的眼睛。

元宵节

农历正月十五是元宵节。这天是新年开始的第一个月圆之日，家人团聚，共度良宵，所以古人又叫上元节。

这一天要吃“元宵”。“元宵”，别名汤圆，是一种用糯米粉包着各种甜馅的“圆子”，以清水煮熟而食。元宵节有举行灯会观灯的习俗，因而又叫灯节。到了这一天，家家户户挂彩灯、放焰火、大街上高挂千万盏琳琅满目的花灯。在北方寒冷的地区，还要制作千姿百态的冰灯。人们在元宵节除了观灯、赏灯、猜灯谜外，还要进行放歌、舞龙、耍狮、扭秧歌等一系列活动，因此我们常说“闹元宵”。

中 元 节

阴历七月十五日为“中元节”，又叫“鬼节”。这一天，人们祭祀祖先，怀念亡灵。每到此日，寺庙里有盂兰菊会，超度亡灵。市场上可买到冥币、明菜花、油饼、乳糕、丰糕之类，用以祭祀祖宗，并预报秋收。

寒 食 节

亦称“禁烟节”“冷节”，中国民间传统节日。时在清明节前一二日。此日禁止烟火，只吃冷食，故名。相传起于晋文公悼念介之推事，因介之推抱木焚死，于是就定此日禁火、寒食。东汉末，因老小不堪寒食，曹操曾下《明罚令》，规定不得寒食。节日期间，民间有插子推燕（用面粉和枣泥做饼，捏成燕子状）、扫墓等风俗。北方人此日多扫祭先茔。今民间已将寒食、清明并为一个节日。

冬　至

民间传统节日，时在阳历十二月二十二日前后，即仲冬之节。周代已有祭神仪式。汉代起列为令节，有贺节之俗。蔡邕《独断》："冬至，阳气起，君道长故贺。该日前后，人们安身静体，百官绝事不听政，择吉辰而后省事。"民间称冬至日为"过小年"，亦称"贺冬"。此日学校放假、商业歇市，并做应时食品相互宴请、馈赠礼品、道吉祥语祝贺佳节，俗有"冬至大如年"之谚。

守　岁

民间岁时风俗。除夕夜，吃罢年夜饭，全家男女老小围炉聚坐食饮，直至天明，谓之守岁。含有辞旧迎新，祈祝爷娘长寿之意。

拜　年

亦称"贺年""贺岁"，春节节日活动。其来源说法不一。传说远古时代有一种叫"年"的怪物，每逢腊月三十晚上出来，挨家挨户地残食人群。人们只得把肉食放在门口，然后关上大门，躲在家里，直到初一早上，人们开门见了面，作揖道喜，互相祝贺未被“年”吃掉，于是拜年之风绵绵相传。作为岁首朝贺，秦汉以来已有之。拜年时，对家长要行大礼，孩童要给赏赐，平辈间拱手致语。礼毕，男人们出门拜亲朋，次序是：初一拜本家，初二、初三拜母舅、姑丈、岳父等至亲好友，疏远者可拜至十六日。熟人开岁第一次见面，则必须以“新年好”“添丁发财”“如意吉祥”之类的话语为祝。不及会晤者，多留一名片即去，谓之“飞帖子”。

贴门神

节日风俗。夏历新年（春节），家家户户将绘有门神的画贴于门板上。此俗已有两千多年的历史。早期为了驱邪镇鬼，近世则多为增添喜庆欢乐。旧时，民间一般喜贴钟馗打鬼的门神，传说此门神镇邪最灵。也有贴“福”字门神，传说可以得福。宋代起，由此俗演化出挂年画。此后，“贴门神”与“挂年画”成为民间并存的两种风俗，一般在春节（正月初一）凌晨张贴。

桃符

节日风俗。新年时民间流行的一种辟邪门饰。民间以二桃板悬于门户，上画神荼、郁垒二神像或书二神名，借以驱鬼压邪，故有此称。相传为黄帝所创。战国时已有此俗，当时中原一带每逢春节，家家户户悬挂，上面刻划灭祸降福的咒语。到明代改书于纸，演变为后代的春联，并成为它的别名。

春　联

亦称“对联”“门帖”“春帖”等。夏历新年（春节）用红纸写成贴在门上的联语。《宋史·西蜀孟氏世家》：后蜀主孟昶令学士辛寅逊题桃符版，“昶以其非工，自命笔题云：‘新年纳余庆，嘉节号长春’。”一般认为，此乃中国最早的春联。宋时，撰写联语已成为文人的一种风气，苏轼“退闲拟学旧桃符”诗句，即言此俗。然“春联”的正式命名，始于明太祖朱元璋。陈云瞻《簪云楼杂话》：“帝（明太祖）都金陵，于除夕前，忽传旨公卿士庶家，门上须加春联一副。”联语要求“字数相等，结构相同，词性相当，平仄相协”。清乾隆间诗人孙髯撰的云南昆明大观楼联语，达一百八十字，被称为“天下第一长联”。

压岁钱

亦称“押岁钱”“压祟钱”等，民间岁时风俗。除夕，吃年夜饭后，由尊长向晚辈分赠钱币，并以红线穿编铜钱成串，挂于小儿胸前，谓能压邪驱鬼，故称。自汉魏六朝起即已流行，因“岁”与“祟”谐音，“压岁”即“压祟”，故称“压岁钱”。如所挂铜钱数目，与小儿岁数相同，则称“带岁钱”。因在守岁之夜给钱，故又称“守岁钱”。

祈　年

祈求来年丰收的仪式。明代称祈谷，清代每年农历正月在北京的祈年殿祀天祈谷。民间在正月十五上元节敲锣打鼓，迎接各庙神像，巡游街镇，祀拜祝，以祈来年丰收。

传统风俗

裹　脚

又称为缠足，是中国封建社会遗留下来的一种摧残妇女身心健康的陋习。起源于五代时期的后主李煜，自此，缠足之风在封建统治者的倡导下代代相沿、愈演愈烈，残害妇女千余年。明、清两代曾有过放脚，但因旧习俗根深蒂固，这事关妇女利益的措施未能坚持多久，在封建势力顽固的抵抗下，裹足之风又蔓延开来，直到辛亥革命后，这种陋习才逐步消亡。

花　烛

画有龙凤等彩饰的大红色蜡烛，旧时多用于婚礼中。吴自牧《梦粱录》卷二十“嫁娶”：“新人下车……以数妓（伎）女执莲炬花烛，导前迎引。”亦指结婚。何逊《看伏郎新婚》诗：“何如新婚夜，轻扇掩红妆。”

闹　房

俗例：新婚之晚，亲友在新房里向新婚夫妇说笑取乐，叫“闹房”，也叫“闹新房”，吴荣花《吾学灵·昏礼门》：“世俗有所谓闹新房者……乃群饮喧呼，恣为谐谑。”

指腹为婚

旧时凡在胎中就由双方父母订定婚约的，叫“指腹为婚”，亦简称“婚腹”。

抓　周

俗称：小儿周岁时，陈列各种玩具和生活用具让他抓取，以为可预测其一生性情和志趣，叫“抓周”，也叫“试儿”。

上　头

古代女子年十五始用簪束发，叫“上头”。

土　葬

又称“埋葬”。丧葬的一种形式，即一种将死者遗体埋入土中的葬俗。流行于世界各地。约产生于旧石器石代中期。原始公社时期，各氏族均有固定的土葬墓地。奴隶社会和封建社会，各家族（宗族）亦有固定的墓葬场。土葬墓一般仅葬一个遗体，但亦有数人或氏族（家族）合葬的。墓室大多均有不同质地的棺和殉葬品。在阶级社会，统治阶级墓葬的殉葬品甚丰，甚至有以人殉葬的。土葬形式多样，在中国主要有土坑墓、大石墓、砖石墓、木椁墓、瓮棺葬、石棺葬、船棺葬等。

火　葬

又名“火化”，葬法之一，以火焚尸使化。最早盛行于古印度，后随佛教传入中国。顾炎武《日知录》卷十五：“火葬之俗，盛行于江南，自宋时已有之。”

纸　钱

旧俗：祭祀时烧化给死人当钱用的纸锭之类。《新五代史·周本纪》：“寒食野祭而焚纸钱。”

七　七

旧时丧俗之一。以人死后每隔七日为忌日，祭奠一次，到七七四十九日止，故名。佛教谓人生有六道流传，在人死此生彼之间，有“中阴身”，如童子形。寻求生缘，以七日为一期，若七日终，不得生缘，则更续七日，至第七个七日终，必生一处。在此期间举行超度、祭奠，形成习俗。

庙　会

亦称“庙市”，中国的市集形式之一，唐代已经存在。在寺庙节日或规定日期举行，一般设在寺庙内或其附近，故称“庙会”。

文化名人

孔　子

孔　子

（前551—前479）名丘，字仲尼，我国伟大的教育家、思想家，儒家学派的创始人。生于春秋时鲁国陬邑（今山东曲阜东南），先世为宋国贵族，曾任“委吏”“乘田”“大司寇”等职。他周游列国，宣传其政治主张，但不被各国重用，后又在鲁国聚众讲学，有弟子三千多人，并整理《诗》《书》《礼》《乐》，修订、删削《春秋》。孔子的儒家思想核心为“仁”，主张恢复礼乐制度，又善于因材施教、循循诱导，给后人留下了宝贵的经验，其思想后被封建统治者确立为正统思想，影响中国2000余年。

孟　子

（约前372—前289）名轲，字子舆，我国伟大的思想家、政治家、教育家，在儒家学派中地位仅次于孔子，被后人尊为“亚圣”。他出生于战国时邹（今山东邹县东南），曾任齐宣王客卿，又周游列国，宣扬儒家学派的政治主张。他主要宣扬“仁政”“王道”的思想，目的是维护和巩固新兴的封建地主阶级统治，又提出“民贵君轻”的民本思想，反对战争和暴政，进一步发展了儒家思想。他和弟子著有《孟子》一书。

荀　子

（约前331—前230）名况，又称荀卿或孙卿，我国著名思想家、教育家，儒家学派的代表人物。战国时期赵国人，曾讲学于齐，仕于楚和秦。晚年与弟子从事著述工作，有《荀子》一书。荀子在继承儒家学说的同时，又反天命，不信鬼神，提出人定胜天的思想，体现了唯物主义的思想。他的散文论点鲜明，层次清楚，说理透彻，结构严密。

老　子

（约前580—前500）姓李，名耳，字伯阳，又称老聃，我国著名的思想家，道家学派的创始人。生于春秋时楚国苦县厉乡曲仁里（今河南鹿邑东），曾任周王朝的史官，著有《老子》一书，又名《道德经》，共81章。全文简约，内容丰富，短短五千言概括了老子道家的思想，是宣扬道家思想的重要著作。

庄 子

（约前 369—前 286）名周，我国著名思想家。宋国蒙邑（今河南商丘东北）人，是继老子之后道家学派的重要代表人物。他曾为漆园小吏，拒绝楚王招之为相，终身不仕。所著《庄子》一书，是道家学派重要著作，也是其思想的体现。书中文章汪洋恣肆，想象丰富，善用寓言，表现了虚无主义、相对主义思想，既对现实进行了批判，又流露出了唯心主义思想。

墨 子

（约前 468—前 376）名翟，我国著名思想家，墨家学派的创始人。他是鲁国人（又一说为宋国人），出身低微，做过木匠，曾任宋昭公大夫，之后长期居住鲁国。他提出尚贤、尚同、节用、节葬、非乐、非命、天志、明鬼、兼爱、非攻十大主张，代表了小生产者的利益和愿望。《墨子》一书记载了墨翟及弟子的言行，由其弟子整理完成。书中文章逻辑和说服力都很强。

韩 非 子

（约前 280—前 233）姓韩，名非，我国著名思想家，法家学派的代表人物。本为韩国贵族，曾学于荀子，但推崇法家学说。上书韩王，主张修明法治、富国强兵，但未被采纳。后仕秦，反被同学李斯所忌，自杀于狱中。

但他提出的以“法”为中心，“法、术、势”三者结合的封建政治体制学说，对秦始皇统一六国、建立封建集权制国家起了很大的作用。《韩非子》为其代表作，书中集先秦法家思想之大成。

周　公

姓姬，名旦，又称叔旦，西周初期政治家。周武王同母弟，辅佐周武王灭商建周，武王死后，辅佐年少的成王摄理政事。期间，他亲率大军平定了管叔、蔡叔和纣王之子武庚的叛乱，加强了对殷商顽民的控制，实行封邦建国方针，规划土地，制礼作乐，建立周朝的典章制度，巩固和加强了奴隶制国家的经济基础。七年后还政于成王。

孙　武

我国古代著名军事家，春秋时齐国乐安（今山东惠民）人。本田氏之后，因祖先伐莒有功被赐孙氏。孙武自齐入吴，受到吴王阖闾的重用，率兵伐楚，五战五捷，破楚郢都。主张改革图强，深受阖闾称赞，称之为王者之道。《孙子兵法》为其所著，是中国最早的兵书。

孙　武

扁　鹊

本姓秦，名越人，我国古代著名的医生。因其医术高明，被比作黄帝时神医扁鹊。他本是战国初期渤海莫（今河北任丘北）人，遍行列国行医，医道随各地风俗而变，总结归纳出“望色、闻声、问疾、切脉”四诊法，被后代中医所沿用。扁鹊最终因秦太医令所忌而被刺杀。

屈　原

（约前340—前278）名平，字原；又名正则，字灵均。我国著名浪漫主义诗人。战国时楚国秭归（今湖北）人，楚国贵族，博闻强记，明于治乱，娴于辞令。楚怀王时曾任三闾大夫等职，深得怀王信任，政治上主张改革，举贤授能，富国强兵，联齐抗秦。后遭诬陷流放汉北，顷襄王立，又被子兰所谗而流放江南。在流放期间，他依然关心楚国前途，在感到已无力挽救楚国危亡时，于夏历五月初五自投汨罗江殉国。在文学史上，他采用楚地方言及民歌、神话创造出一种新的诗歌体裁——楚辞。揭露了楚国昏庸腐朽，排斥贤能的行径，表达了作者对祖国的热爱眷恋之情，以及勇于为国、为民献身的精神，体现了作者的浪漫主义精神，对后世文学创作影响很大。

吕不韦

（？—前 235）战国时期卫国濮阳（今河南）人。曾经商，为阳翟大贾。在赵国遇秦国公子异人，认为“奇货可居”，便施展政治手段将异人扶上秦王宝座，即庄襄王。他后被任为丞相、封文信侯，嬴政即位后，尊吕不韦为“仲父”，后被嬴政流放而自杀。吕不韦曾命门客编《吕氏春秋》一书，又名《吕览》。书中内容广泛，综合了各家学说，又保存了大量史料、寓言、故事等，为当时“杂家”代表作。

秦始皇

（前 259—前 210）姓嬴名政，秦帝国开国皇帝。公元前 246 年继承王位，称秦王，年仅 13 岁。公元前 238 年亲政，先后平定嫪毐之乱，放逐吕不韦，接着又派兵攻打六国，至公元前 221 年为止，将六国全部消灭，建立了我国历史上第一个封建王朝——秦王朝。他为加强专制与集权，组成了一个以丞相为首的官僚机构，推行郡县制，统一法令、度量衡，巩固了国家统一，发展了社会经济。但其修长城、建宫殿陵墓、焚书坑儒等行为使民众背上了沉重的负担，激化了社会矛盾。在巡行途中病死之后就爆发了农民起义。

汉武帝

汉武帝刘彻

（前156—前87）姓刘名彻，西汉皇帝，公元前141年即位，在位共50年。在位期间励精图治，颁布推恩令、左官律，提拔重用贤能之人，削夺诸侯王权力，抑制丞相职权，加强了皇权，巩固了封建统治。同时，还派卫青、霍去病等多次主动出击匈奴，使其迁至漠北，又令张骞出使西域，沟通了与西域各族的联系；为解决财政问题，改革币制统一制造五铢钱；在思想上，立儒家思想为正统思想，影响中国社会2000余年。

贾谊

（前200－前168）西汉政论家，雒阳（今河南洛阳）人，少年时以文采出名，年仅20就被文帝招为博士，不一年又升至太中大夫。其思想激进、锐意改革政治引起朝中权臣不满，从而遭馋被贬为长沙王太傅，三年后又为梁怀王太傅。他曾多次上书，主张削弱诸侯王势力，巩固中央集权，力主抗击匈奴、重视农业，但未被采纳。后因梁怀王坠马而死，贾谊将其责归咎于自己，又加上无法施展抱负而郁郁以终。

其所作《过秦论》等文章在文学及政治上都产生了很大的影响。

董仲舒

（前179－前104）我国古代著名思想家。西汉时期广川（今河北省景县西南）人。武帝时以贤良对策入诏，提出更化善治、德刑并用、以德为主的主张，后又向武帝提出了“罢黜百家，独尊儒术”的主张以加强对人民思想的控制，被汉武帝所采纳。在他的思想中，儒家思想糅合了阴阳五行之说，构成了以“天人感应”为核心的神学思想体系。

司马相如

（前179－前117）字长卿，西汉著名辞赋家。蜀郡成都（今属四川）人，口吃，但善著书，曾任武骑常侍。他的赋结构宏大、词语华丽、艺术手法铺张，代表了汉赋全盛时期的作品，其代表作有《子虚赋》《上林赋》等。

司马迁

字子长，我国古代著名史学家、文学家，西汉左冯翊夏阳（今陕西韩城南）人，父亲为太史令司马谈。司马迁早年问学于董仲舒、左安国，20岁出游，遍访名胜、历史遗迹、民俗风情，这为其以后著书打下了坚实的基础。父亲死后，继承遗志写史书。后任太史令，阅读了大量皇家藏书，这期间搜集的史料为其以后撰写《史记》提供了宝贵的素材。后因替李陵辩解而下狱受宫刑。出狱后，忍辱负重，终于完成了我国第一部纪传体通史——《史记》。

王昭君

本名嫱，字昭君，西汉宫女，匈奴阏氏。南郡秭归（今属湖北）人，汉元帝时被选入宫。元帝竟宁元年（前33），匈奴呼韩邪单于归汉并请求和亲，昭君自请出嫁，被立为宁胡阏氏。昭君出塞后，极力促进汉与匈奴之间的和平，出现了民族和睦的景象。呼韩邪死后，依匈奴习俗，再嫁呼韩邪与前阏氏之子，继任单于为妻。昭君出塞的故事一直被后人流传。

扬　雄

（前53–18）字子云，文学家。西汉蜀郡成都（今属四川）人。扬雄一生著作颇丰，有《太玄经》《法言》等哲学著作；《甘泉赋》《长杨赋》等辞赋；《训纂篇》等文字学著作。后人辑有《扬子云集》。

班　固

（32–92）字孟坚，东汉文学家、史学家，扶风安陵（今陕西咸阳）人。汉明帝时奉命编写《汉书》。历20余年才基本完成。《汉书》为我国第一部纪传体断代史，全书注重文采、结构严密、语言精炼。班固另有《两都赋》闻名于世。

蔡　伦

（?–121）字敬仲，造纸术的发明人。他本为东汉宦官，曾担任小黄门、中常侍等职，参与政事，加位尚方令，服侍宫廷40余年。当时造纸均以丝麻纤维为原料，所以纸价昂贵。蔡伦经过反复实验，最终以树皮、麻头、破布、破渔网为原料，既提高了纸的质量，又降低了纸的成本。用这种技术造出来的纸被称为“蔡侯纸”。

班　昭

（约49–120）字惠班，东汉扶风安陵（今陕西咸阳）人。父亲为班彪，兄为兰台令史班固。她时常出入后宫教导后妃，不但续写了其兄班固未完成的《汉书》，而且还写了宣扬封建礼教的《女诫》。

张　衡

（78–139）字平子，我国古代伟大的科学家、文学家。他是东汉南阳西鄂（今河南南阳）人，曾任掌管天文的太史令，发明了观测天体运动的浑天仪和测定地震的地动仪。天文著作包括《浑天仪图注》和《灵宪》，文学著作主要有《两京赋》《归田》等辞赋，文辞清丽，对后世的抒情小赋影响很大。后人辑有《张河间集》。

蔡 琰

字文姬，作家，东汉时期陈留圉（今河南杞县）人，蔡邕之女。她博学而有才辩，精通音律。东汉末军阀混战之时，被董卓部下胡羌军所掠，后为南匈奴左贤王妻，留胡共12年，生有二子。后来曹操将其赎回而改嫁同郡的董祀。《悲愤诗》《胡笳十八拍》均为其所作，里面包含了诗人半生坎坷的遭遇，具有很强的抒情气息。

华 佗

（约141–208）字元化，我国古代著名医学家，东汉时期沛国谯（今安徽亳州）人。他精通医术，擅长内、外、妇、儿、针灸各科，尤其以外科最为精通。他经过研究发明了我国最早的麻醉剂——“麻沸散”，在做手术时使病人毫无知觉，减轻了病人的痛苦。又模拟虎、鹿、熊、猿、鸟各种动作创“五禽戏”以强身健体。终因拒绝曹操召之为侍医而被杀。

张 仲 景

名机，我国古代著名医生，有“医圣”之称。东汉时南郡涅阳（今河南南阳）人。原为小吏，后辞官行医，博采众家之长，确立了中医辩证施治的法则，提出了理、法、方、药在内的一整套诊治原则，使基础理论与临床实践密切结合起来，为后世的临床医药发展奠定了基础。

该理论收集在《伤寒杂病论》中，经后人整理为《伤寒论》和《金匮要略》两本书。

曹　操

（155–220）小名阿瞒，字孟德，我国著名政治家、军事家、文学家，三国沛国谯（今安徽亳州）人。汉献帝时为丞相、魏王，“挟天子以令诸侯”操纵皇帝于幕后，死后被其子追尊为魏武帝。曹操在文学上的突出成就，主要体现在诗和散文上。他的诗风悲凉、慷慨，继承了汉乐府民歌反映现实的传统，也包含了其远大的政治抱负。散文质朴简约、雄健豪迈，思想和形式全无传统的束缚，体现了“建安风骨”的基本特征，对后人的文学创作产生了很大的影响。

诸葛亮

（181—234）字孔明，是我国著名政治家、军事家，东汉末琅邪阳都（今山东沂水县南）人。他幼时父母双亡，依靠叔父生活。后隐居邓县隆中（今湖北襄阳西）十余年。他博学多才，胸怀大志，自比管仲、乐毅。207年开始辅佐刘备，联吴抗曹，建立了蜀汉政权，任丞相。执政期间抑制豪强、奖励耕织、任人唯贤、廉洁奉公、团结西南各族，使蜀汉国出现兴旺之象。他为完成统一大业，五次出兵伐魏，病死于五丈原。后人辑有《诸葛亮集》，前、后《出师表》均为其名作。

魏文帝曹丕

曹　丕

（187—226）字子桓，三国时魏国开国皇帝，即魏文帝。三国时沛国谯（今安徽亳州）人，曹操次子。他的诗体式多样、通俗明白、抒情深婉，以《燕歌行》为代表，是我国现存最早最完整的七言诗，另外他所作的《典论·论文》和《与吴质书》为我国较早的文学批评重要著作。

曹　植

（192—232）字子建，三国时杰出作家，三国时沛国谯（今安徽亳州）人，曹操第三子。他通诗歌、辞赋、散文，今共存其作品一百三十余篇，以诗歌成就最高。诗歌以五言为主，辞藻华丽、情感真挚、语言精练，既抒发了渴望建功立业的雄心，暴露了社会的离乱，又以激愤之情反映了遭受迫害的痛苦，对后世文学有很大影响，后人辑有《曹子建集》。

阮　籍

（210—263）字嗣宗，三国时期陈留尉氏（今河南）人，官至步兵校尉、散骑侍郎。父亲为建安作家阮瑀。

【画十二月月令图】轴 局部［清］画院 中国台北故宫博物院藏 25－1

【画十二月月令图】轴 局部 ［清］ 画院 中国台北故宫博物院藏 25－1

阮籍少慕老庄之学，文学作品又受屈原的影响。《咏怀》诗为其代表，本诗感慨良深，格调高昂，大量运用比兴、寄托、象征的手法，抒发了诗人对人生的感慨和对现实的不满，在五言诗的发展中占有重要地位。

嵇　康

(223—262) 字叔夜，三国时期谯国铚（今安徽宿县）人，官至中散大夫。在文学方面，散文体现了其最高成就，他的散文论证严密，逻辑性和形象性有机结合，多与礼俗相违，表现了对当时社会的不满，言辞激切，锋芒毕露，《与山巨源绝交书》《管蔡论》等为其代表作。诗以四言见长，《幽愤诗》为其代表作。

陆　机

(261—303) 字士衡，我国著名的作家、文学理论家，父亲为三国时期名将陆抗。吴国灭亡后，与弟陆云进洛阳，受到张华的推重，世称“二陆”。曾任著作郎、中书郎等职，后成都王荐为平原内史。在为成都王讨伐长沙王时兵败被杀。他的辞赋追求华丽，又多为模拟，缺乏新意。在文学理论方面，第一次把创作过程、方法、形式、技巧等问题提到文学批评的范畴，但忽视了文学的思想内容，助长了文学创作的形式主义。《文赋》是其文学理论的代表作。

王羲之

(321–379）字逸少，东晋书法家，琅邪临沂（今山东临沂北）人，叔父为王导。王羲之曾任秘书郎、宁远将军、江州刺史、右军将军、会稽内史等职，史称“王右军”。后来辞官专攻书法。他开始擅长隶书，后习钟繇，吸收汉魏诸书法的精华，另辟新境，改变了汉魏以来以波挑用笔，独创圆转流利的风格，集隶、正、行各体书法之大成，自成一家，被称为“书圣”。

顾恺之

又名凯之，字长康，小字虎头，辞赋家、画家，晋陵无锡（今江苏无锡）人。他曾任桓温及殷仲参军、散骑侍郎。他的画法与画论对中国绘画艺术产生了很大的影响，《维摩诘像》曾轰动一时。辞赋有《雷电赋》《观涛赋》等。又因其多才而痴迷，被称为才绝、画绝、痴绝三绝。

陶渊明

(365–427）一名潜，字元亮，世称靖节先生，东晋浔阳柴桑（今江西九江）人。祖上为官僚地主，到陶渊明时家道已经衰落。他曾任江州祭酒、镇军参军、建威参军、彭泽令等职，后隐居不仕。陶渊明自幼博览群书，有远大抱负，对士族地主表示不满，这些在其诗文中多有体现。他的诗文构思奇特，语言清新、质朴，对我国诗文发展产生了广泛影响。

祖冲之

（429—500）字文远，我国著名科学家，南朝范阳遒（今河北涞水县北）人。曾任从事、公府参军、娄县令、长水校尉。祖冲之年少时就十分热爱天文和数学，搜集了这方面大量的材料，吸取了丰富的知识。他不迷信古人，重视实践。在数学方面，他在前人的基础上把圆周率推算到了小数点后的第七位，比欧洲早了一千多年。在天文方面，他计算出了比较精确的回归年长度，并编成了比较科学与精确的历法《大明历》。他还有许多发明创造，比如“千里船”、指南车、水碓磨等。

范缜

（约 450—510）字子真，是我国南朝时的思想家，南乡舞阴（今河南泌阳北）人。他出身寒微，勤学、性耿直，与萧衍、沈约等同为齐竟陵王萧子良“西邸”文士。他继承和发展了我国古代的朴素唯物主义自然观，以此作为无神论的基础，与当时的宗教尤其是佛学思想作了针锋相对的斗争，其所写的《神灭论》一文驳斥了佛学“因果报应”“生死轮回”等迷信说教。

梁武帝

(464—549）即萧衍，字叔达，小字练儿，南朝兰陵郡武进县东城里（今江苏丹阳市访仙镇）人，擅长文学、书法，通音律，为“竟陵八友”之一。南齐末他趁乱夺取帝位，建立梁朝，重用士族，大兴佛教，修建寺院，最终被部下侯景拘于台城而饿死。

刘 勰

(约465—520）字彦和，祖籍山东莒县（今山东莒县）人，世居京口（今江苏镇江）。年少时家里贫穷，只好依附僧侣生活，因此对佛教理论十分精通，曾任朝奉请、临川王记室、东宫通事舍人等职，深受萧统器重，晚年出家。《文心雕龙》是他的主要著作，亦是我国古代最著名的文学理论著作，直接影响了以后的各位评论家。

萧 统

(501—531）字德施，南朝梁武帝长子，死谥昭明，所以人们称之为“昭明太子”。他是南朝兰陵人，自幼博览群书，爱好文学，并编集《文选》，通称《昭明文选》，是我国现存最早的诗文选集，对后代有着深远的影响。

郦道元

(466–527) 字善长，南北朝时范阳涿鹿（今河北涿鹿）人。他曾任尚书主客郎中、河南尹、御史中尉。治政严厉，最终被人所谗遭贬、遇害。郦道元好学，读书很多，有《水经注》40卷，描述了祖国的壮丽山河，记载了许多神话传说和乡土风情，是一部文学价值很高的地理学巨著，对后人写山水游记影响很深。

贾思勰

北魏时齐郡益都（今山东寿光南）人，曾为高阳（今山东淄博东北）太守。他对农业方面有深入地研究，著有《齐民要术》一书。

隋炀帝

(569–618) 即杨广，隋文帝杨坚次子。初为晋王，后被立为太子，最后杀父即位。他在位期间，改州为郡、改制量衡，设明经、进士二科以录取官员。并广征劳力、修建园林、开凿运河、三征高丽，给人们带来了沉重的压力，导致了农民大起义。618年，被部下宇文化及等人杀死。

唐太宗

(599–649) 即李世民，唐高祖李渊次子。隋朝末年，

唐太宗李世民

随父在晋阳起兵。他在平定地方割据势力，建立唐王朝的过程中立下了不可磨灭的战功。后发动玄武门兵变，杀死太子李建成等，并挟持李渊。不久，李渊让位于他，改元“贞观”。即位后，以隋亡为鉴，励精图治、重用贤臣、虚怀纳谏、修律令、置科举、改善吏治、促进各民族交流，使唐朝成为当时世界各国瞩目的文明大国，他统治期间出现的良好景象被后人称为“贞观之治”。

文成公主

（?–680）唐朝皇族宗室之女，因吐蕃国王松赞干布来唐求婚，641 年文成公主远嫁吐蕃，同时带去了农业生产技术书籍、谷物蔬菜种子以及中原的先进文化。文成公主入藏，加强了唐与吐蕃之间的友好关系，促进了吐蕃经济文化的发展。

魏　徵

（580–643）字玄成，政治家，馆陶（今河北）人。他少时因家贫而出家为道士。喜欢读书，学识渊博。曾参加过李密领导的瓦岗军起义，李密起义失败后，投降唐朝。又被窦建德所获，任起居舍人，窦建德失败后，入唐为太子洗马，玄武门之变李世民登基后，受到重用，任为谏议大夫，参预朝政，封郑国公。他直言上谏、不顾君面、不惧生死，多次指出“鉴国之安危，必取于亡国”，主张“偃武修文，布德施惠”，“任贤受谏”，这些都对“贞观之治”的出现起了很大的作用。

孙思邈

（约 581–682）我国著名医学家，京兆华原（今陕西铜川市耀州区）人。他年轻时因多病而学医，对医学著作有很深的研究。他谢绝隋文帝、唐太宗等人的征召，一心致力于医学研究，总结了前人的医学理论和临床经验，并大量地收集了民间的方药、针灸技术。晚年著有《千金方》一书，是他一生心血的总结，书中共记载了300多个药方和800余种药物，主张单独设儿科、妇科等，被后人尊为“药王”。

玄奘

（602–664）本姓陈，名祎，通称为三藏法师。他是唐时高僧、佛学研究者、翻译家、旅行家，洛州缑氏（今河南偃师南）人，官僚家庭出身，曾经游历四川、湖北、河南、河北等地的著名寺院，访求名师，潜心研究佛经。629 年，他从凉州出发，出玉门关，孤身一人历千难万险西行到天竺，在那烂陀寺受学于戒贤。后在曲女城举行的佛学盛会上被推为主讲人，名震天竺。后回长安，致力于佛经翻译，还奉太宗之命，由他口述，辨机笔录，完成了《大唐西域记》一书，记载了他亲身经历的100多个国家的地理、民风等，是后人研究这些地区区理、历史的重要资料。

郭子仪

(697–781)唐朝名将，华州郑县（今陕西华县）人。他历任左卫长上、诸军使、九原太守、朔方节度使、兵部尚书等职。安禄山叛乱之时，与李光弼同心协力东讨叛军，取得常山之战胜利。又以关内、河东副元帅名义，配合回纥兵收复长安、洛阳及河东、河西、河南诸州县。曾一度因猜疑而被罢去兵权，但他不计个人恩怨，以大局为重，终于彻底平定了“安史之乱”。其治军宽而不乱，善于发现人才，深得将士之心。

李　白

李　白

(701–762) 字太白，号青莲居士，唐代诗人，被誉为“诗仙”。祖籍陇西成纪（今甘肃秦安东），出生于碎叶（今吉尔吉斯斯坦境内），长期生长在四川绵州（今四川江油）青莲乡。少年聪明，能吟诗作赋，20岁开始漫游各地。40岁受吴筠推荐入长安供奉翰林。由于政治上不得志而离开长安，之后又游历扬州、金陵等地。因受永王李璘争夺帝位之事连累而流放夜郎，遇赦东还死于当涂。李白的诗风雄奇豪放、想象丰富，语言清新俊逸，将浪漫主义诗歌推向了新的高峰。

卢照邻

（约635–689），字昇之，号幽忧子，“初唐四杰”之一，幽州范阳（今北京大兴区）人。曾任邓王（李元裕）府典佥、新都尉。后因病辞官，居太行山，终因一生不得志，自投颍水而死。他的诗歌以七言歌行最为突出。诗中常有忧苦激愤之词，流露出不平之气，《长安古意》为其代表作。

骆宾王

（约640–684）“初唐四杰”之一，婺州义乌（今属浙江）人。曾任道王府属、武功、长安主簿、侍御史。随李敬业起兵反对武后，失败后不知所终。他擅长七言歌行，多表现政治抱负、多悲愤之作，整炼缜密。《讨武曌檄》《帝京篇》为其代表作。

王勃

（650–676）字子安，王通之孙、王绩之侄孙，“初唐四杰”之一。绛州龙门（今山西河津）人，曾任朝散郎，后被高宗所疑遭贬，并为僚吏所嫉，后赴交趾探父渡海溺水，受惊而死。他的诗歌突破了宫体诗的束缚，对格律勇于探索，标志新旧的过渡。并擅长骈文，《滕王阁序》为其代表作。

杨　炯

(650–693)“初唐四杰”之一，弘农华阴（今属陕西）人。10岁时举神童，曾任校书郎、婺州盈川令等职。擅长五律，以边塞诗而闻名。他恃才倨傲，诗歌数量较少。《战城南》《从军行》为其名作。

贺知章

(659–744) 字季真，唐代诗人，会稽（今浙江绍兴）人。曾任四门博士、太常博士、礼部侍郎、集贤院学士、皇太子侍读、太子宾客、秘书监等职。其人放旷纵诞，自号“四明狂客”，对李白十分推崇。他的诗清新通俗，善于造意，自成一家。擅长绝句，善草隶，与张旭友善，《回乡偶书》《咏柳》为其代表之作。

孟浩然

(689–740）盛唐时期著名山水派诗人，襄阳（今湖北）人。他早年隐居鹿门山，又曾漫游吴越间几年，曾为张九龄短期幕僚。诗歌以五言诗成就最高，他所作的田园诗数量不多，但清淡简朴，生活气息浓厚，给人以非常亲切的感觉。

王昌龄

（约 698–757）字少伯，唐朝著名边塞诗人。他是京兆长安（今陕西西安）人，曾任校书郎、汜水尉，后被贬至岭南，又被贬至江南丞、龙标尉，所以又称王江宁或王龙标。安史之乱后，还乡，被刺史闾丘晓所杀。他的七绝风格凝炼集中，言少意多。边塞诗袭乐府旧题，意境言远，深沉含蓄，展示了战士爱国立功和思乡之情，《从军行》《出塞》均为其代表作。

王　维

（701–761）字摩诘，唐代诗人。原籍祁（今山西祁县），生于蒲州（今山西永济）。曾任太乐署丞，贬为济州司库参军，又升右拾遗。“安史之乱”时任伪职，乱后官至尚书右丞，世称王右丞。王维早年思想积极，向往政治开明，后经变乱，思想日趋消沉。他的前期作品很具现实意义，风格雄浑、气象开放，后期作品意境清幽、色彩鲜明、状物传神，在孤寂闲静的景物描写中流露出对现实的冷漠，把诗歌、绘画、音乐融为一炉，把描写自然景物的诗歌推向一个新的高峰。

高　适

（约 700–765）字达夫，又字仲武，唐代著名边塞诗人。渤海蓨（今河北景县南）人。早年生活困顿，后经人推荐任封丘尉，官淮南、西川节度使，终散骑常侍，封渤海县侯。他的边塞作品表现了征戍者在不同情况下的种种内心变化，对他们的英勇杀敌进行了讴歌，苍凉悲壮，感人至深。《燕歌行》《别董大》均为其代表之作。

杜　甫

（712—770）字子美，自称“少陵野老”或“少陵布衣”。他是唐朝著名的现实主义诗人，世称“诗圣”“诗史”。今河南巩县人，唐代诗人杜审言之孙。幼年好学，青年出游南北之地，35 到 44 岁困守长安，“安史之乱”曾为叛军所虏，后逃脱，被肃宗召为左拾遗，因直言上谏屡遭贬斥，在西南漂泊 11 年之久，晚年携家出蜀，病死船中。杜甫因长期生活在人民群众之中，因此对现实社会有着深刻的认识。因处于唐王朝由盛转衰的转折阶段，他把个人的痛苦与时代的不幸紧紧地联系在了一起，并在诗中作了真实的反映，因此他的诗体现了劳动人民生活的艰辛及诗人自己对他们的同情，揭露了统治者的腐朽。他一生忧国忧民，为此诗风多样而沉郁，政治性和艺术性达到了完美的统一。有《杜工部集》传世。

杜　甫

岑　参

（715—770）唐代著名边塞诗人，江陵（今属湖北）人。他出身贵族官僚家庭，但父母早亡，以致家贫。遍览史籍，曾任安西及北庭节度判官、右补阙、虢州长史、嘉州刺史。罢官后死于成都旅舍。他擅长七言歌行，多描写边塞风光和军旅生活，想象丰富，气势磅礴，奇峭瑰丽，形式多样。《白雪歌》《走马川行》为其代表作。

陆　羽

（约733—804）字鸿渐，自称桑苎翁，又号东冈子，时号“茶仙”，世称“茶圣”。他是复州竟陵（今属湖北）人，喜欢读书而不出仕为官，隐居在苕山（今浙江湖州）。喜欢品茶，精通茶道，著有《茶经》一书，对茶之原、之法、之具都有详细记述。又用古调诗歌，来写自己的闲情雅兴。因常在旷野中独行吟诗、尽兴恸哭，时人把他比作楚狂接舆。

孟　郊

（761—814）字东野，唐代著名诗人，以苦吟著称。他是湖州武康（今浙江德清）人，46岁才中进士。曾任溧阳尉、河南水陆转运从事、试协律郎等小官，以致贫困而死。他的诗风瘦硬奇警，反映人民疾苦，不乏愤世伤时之作，多寒苦之音。

韩　愈

(768–824) 字退之，谥号文，人称韩文公，唐代文学家。河南河阳（今河南孟县）人，曾任监察御史、国子博士、刑部侍郎。他因谏阻宪宗迎佛骨而被贬为潮州刺史，后官至国子祭酒、吏部侍郎。政治上维护中央集权，反对地方割据。文学上主张“文以载道”，反对骈文、提倡散文，与柳宗元一起倡导古文运动。他的散文在秦汉古文基础上又有发展创新，雄壮奔放、富于变化、流畅明快，被誉为“唐宋八大家”之首，他的诗奇崛险怪，扩大了诗的领城。其有《韩昌黎集》传世。

刘禹锡

(772–842) 字梦得，唐代文学家，洛阳（今河南洛阳）人，生于苏州嘉兴（今属浙江）。官至太子校书，参与王叔文政治改革，失败后被贬为郎州司马。后被召还回京，但又因触犯权贵而一贬再贬。在政治上主张革新，思想上有唯物主义哲学思想；诗歌与白居易齐名，富有战斗色彩，多抨击宦官和权臣，诗风雄浑爽朗，立意高卓超远，有“诗豪”之称；散文上成就也很高，《因论》《救沉志》都是其散文名作。

白居易

(772–846) 字乐天，号香山居士，唐代著名诗人，原籍太原，祖上居下邽（今陕西渭南），生于河南新郑。他少年家贫，避乱江南。曾任翰林学士、左拾遗、江州司马、忠州、杭州、苏州等地刺史、刑部尚书等职，政绩显著。他与元稹提倡新乐府运动。其诗深入浅出、平易通俗、感情丰富、既有对宦官及藩镇危害国家和人民的谴责，又有对劳动人民的同情，丰富了现实主义诗歌的内容。在文学上，他主张“文章合为时而著，歌诗合为事而作”的现实主义创作理论。有《白氏长庆集》传世。

李贺

(790–816) 字长吉，唐代诗人，福昌（今河南宜阳）人。为唐宗室没落远支，其才华横溢，但一生潦倒，死时年仅二十七岁，有“诗鬼”之称。他的诗想象丰富奇特、语言新颖诡异、意境幽奇神秘，富有浪漫主义色彩，在中唐诗坛上独树一帜。有《昌谷集》传世。

柳宗元

(773–819) 字子厚，唐代文学家，原籍为河东解县（今山西运城西南），世称柳河东。在政治上，他参与王叔文政治革新集团，任礼部员外郎，失败后被贬为永州司马，后为柳州刺史，政绩颇丰，故称柳柳州。在思想上有朴素唯物主义倾向。在散文创作上，以山水游记著称，文笔清新秀丽，富于诗情画意，又能曲折地反映抑郁不平的感情和对丑恶现实的抗议。在古文运动中，与韩愈同为倡导者，强调作家的创作态度一定要谨严认真。

杜　牧

（803－约 852）字牧之，唐代诗人，京兆万年（今陕西西安）人，杜佑之孙。官曾任黄、池、睦、湖等州刺史、中书舍人等职。关心国家治乱，但生活放荡不检。诗风豪健跌宕，骨气遒劲，情致俊爽，风调轻利，风格独特，也有针砭现实之作，在晚唐文坛上卓然成家。有《樊川文集》传世。

李商隐

李商隐

（813－858）字义山，号玉溪生，唐代诗人，怀州河内（今河南沁阳）人。早年接近牛党成员，后又受牛党排挤而终身潦倒。他的诗多反映民生疾苦、揭露宦官擅权暴虐。他的爱情诗对后世影响极大，其风格典雅华丽、深情绵邈，工于比兴、深于寄托。有《李义山诗集》。

温庭筠

（约 812–870）或作廷筠、庭云，字飞卿，本名岐，太原祁（今山西祁县）人。曾为随县和方城县尉、国子助教。他辞章敏捷，所作之诗色彩浓艳、词藻繁密，但缺乏真挚的情感，被“花间派”词人奉为始祖。

李　煜

（973–978）字重光，初名从嘉，号钟隐，五代时南唐皇帝，世称李后主，著名的词人。亡国后入宋过了三年屈辱生活而被毒死。他多才多艺，对诗文、音乐、书画都有研究。早期作品多描写宫中生活，亡国后多写伤感沉痛之情，用词准确、洗炼、生动、不加雕饰而直抒胸臆，富有感染力。他的词通过描写景物或环境气氛，倾诉了内心的哀伤与悲痛，使词的题材和意境都有所扩大。

林　逋

（967–1028）字君复，词人。钱塘（今浙江杭州）人，终生不仕不婚娶，隐居在西湖的孤山，种梅养鹤，自称“梅妻鹤子”。他的笔法细碎小巧，多写西湖风景及梅花。有《林和靖先生诗集》。

范仲淹

（989–1052）字希文，北宋政治家、文学家，吴县（今江苏苏州）人。官至枢密副使、参知政事，谥号“文正”。他守卫边塞多年，对抵制西夏入侵、巩固国防颇有贡献。他的诗、文、词都有名篇传世，语言简练、风格豪放，继承了现实主义传统，为以后的诗文新运动开了先路。有《范文正公集》。

柳 永

（约987–1053）原名三变，字耆卿，排行第七，因此称柳七，北宋著名词人。崇安（今属福建）人。热衷功名，但仕途坎坷，仅为屯田员外郎，因此失意无聊，放荡不羁。他的词多用俚语，描写下层市民生活，着重写妓女和浪子。他创制了很多长调，使慢词成为了一种成熟的文学样式。他的词铺叙刻画，情景交融，语言通俗。柳永本人在文学史上占有重要地位，有《乐章集》传世。

晏 殊

（991–1055）字同叔，北宋词人，抚州临川（今江西抚州）人。13岁以神童召试，官至集贤殿学士、同平章事兼枢密使，十分重视识别和吸引人才，他的词受冯延巳影响很深，多反映富贵悠闲的诗酒生活，内容单调、工于造语。有《珠玉词》传世。

欧阳修

(1007–1072)字永叔，号醉翁，又号六一居士，北宋政治家、文学家。官至枢密副使、参知政事，谥号文忠。他积极进行政治改革，但因直言敢谏而被贬官，晚年又对王安石变法表示不满。在文学上，主张切合实用，重视内容，反对浮靡，积极培养后进，是北宋中叶文坛领袖。他的散文明畅简洁，丰满生动，集说理抒情于一体，诗平易舒畅，表现了风流蕴藉的情调，他的《六一诗话》开创了“诗话”这一新体裁，对后世诗歌理论的发展，提供了简便灵活的形式。有《欧阳文忠集》。

苏洵

(1009–1066)字明允，北宋文学家。眉山（今属四川人），欧阳修曾将其著作22篇推荐给皇帝，一时名声大噪。官至秘书省校书郎、文安县主簿，他的散文笔力雄健，切中时弊，为唐宋八大家之一。

曾巩

(1019–1083)字子固，北宋文学家。建昌南丰（今属江西）人。他很受欧阳修的重视，历官太平州司法参军、馆阁校勘、集贤校理、越州通判及齐、襄、洪、福等州知州、中书舍人。追谥文定。他的散文成就最高，平易朴实，简洁流利，追司马迁、韩愈之风。

司马光

(1019—1086) 字君实，我国著名的政治家、文学家、史学家，陕州夏县（今山西闻喜）涑水乡人，世称涑水先生。历知谏院、翰林学士、知永兴军、尚书左仆射、门下侍郎等。卒赠太师、温国公，谥文正。政治上保守，反对王安石变法，文章记叙周详，词句简炼、通畅，著有《资治通鉴》，为我国编年体通史，在史学上占有重要地位。

司马光

王安石

(1021—1086)字介甫，号半山，北宋文学家、政治家，临川（今江西抚州）人。官知鄞县、知制诰知江宁府，又曾两度为相，主持变法。积极推行农田水利、青苗、均输、保马法、募役等新法，抑制官僚特权。但遭保守派反对而成效不大。他的散文逻辑严谨、辩理深透、峭拔雄健、语言简炼、精于修辞，一扫西昆体的残余影响，对后代文学有很大影响。

苏轼

(1037—1101) 字子瞻，号东坡居士，北宋著名文学家，眉山（今属四川）人，父亲苏洵。曾任杭州、密州、徐州、黄州等地地方官、中书舍人，翰林学士及侍读，礼部尚书等职，后被流放至惠州、琼州等地。在文学上，他在散文、诗、词方面有很高的成就，对书法、绘画也有很高的造诣。散文成就为唐宋八大家之一，诗与黄庭坚并称“苏黄”，词与辛弃疾并称“苏辛”。他的词风格豪迈、视野广阔、个性鲜明、一扫词坛绮艳风气，为豪放派创始者；他倡导诗文革新运动，思想内容极为绚丽丰富，是继欧阳修之后，北宋文坛的又一领袖。

沈 括

（1031–1095）字存中，北宋科学家，杭州钱塘（今浙江杭江）人。以父荫袭为沭阳（今属江苏）主簿，后任提举司天监、翰林学士、代理三司使等职。晚年居润州（今江苏镇江）梦溪园，撰写《梦溪笔谈》30 卷，此书被誉为“中国科学史上的坐标”。沈括本人亲自观测极星的位置，绘极星图 200 余张，制观察天体的浑仪及景表、浮漏等，主持编修《奉元历》，另外其在生物学、地理学上的成就也很大，政治上参预新政规划，推行青苗、农田、历法等。

黄 庭 坚

（1045–1105）字鲁直，号山谷道人，又号涪翁，北宋著名诗人、书法家。分宁（今江西修水）人。历任北京（今河北大名）国子监教授、秘书省校书郎兼神宗《实录》检讨官，一生仕途坎坷。在诗词上，他重视诗法，为江西诗派的宗师。书法有《狄梁公碑》等传世。

秦　观

（1049–1100）字少游，一字太虚，号淮海居士，北宋著名词人，扬州高邮（今属江苏）人。曾任太学博士，兼国史院编修史。政治上从苏轼多次遭贬流放。他的词内容多写柔情，有身世之感，反映封建社会、统治阶级内部失意知识分子的不幸遭遇，属婉约派，有《淮海集》传世。

周邦彦

（1056–1121）字美成，号清真居士，北宋词人，钱塘（今浙江杭州）人。他在地方上任职多年，后任提举太晟府。精通音律，在审订词调方面做了精密的整理工作。所作词格律法度精审，开南宋姜夔、史达祖一派，多写男女之情，擅长写景咏梅，有《片玉集》传世。

岳　飞

（1103–1142）字鹏举，南宋抗金名将，相州汤阴（今属河南）人。他治军严明，屡败金兵，收复了大片失地。后被“议和派”秦桧以“莫须有”的罪名杀害。后谥“武穆”“忠武”。他的词作表现出了强烈的爱国主义和奋发向上的进取精神，尤以《满江红》最为著名，有《岳忠武王集》。

陆　游

陆　游

（1125—1210）字务观，号放翁，南宋著名爱国诗人，越州山阳（今浙江绍兴）人。历官隆兴、夔州通判、知严州、朝议大夫、礼部郎中等职，最后终归故乡。陆游生活在民族矛盾尖锐、国势危迫的时期，这对他的创作产生了很大的影响。他的诗内容丰富，风格豪迈，语言精炼，多体现爱国主义情怀，他的诗继承和发扬了我国现实主义和浪漫主义传统，在我国文学史上占有重要地位。

朱　熹

（1130—1200）字元晦，一字仲晦，号晦庵，另称紫阳先生，南宋理学家，婺源（今属江西）人，历知南康军、焕章阁待制。思想上继承程颢、程颐理学，是宋代理学集大成者。他反对文章浮华无实，主张文以穷理致用为主。他的著作很多，包括《四书章句集注》《周易本义》《朱子语类》等。

文天祥

（1236–1282）字履善，又字宋瑞，号文山，南宋著名爱国大臣、诗人。庐陵（今江西吉安）人。他历任湖南提刑、知赣州，起兵勤王，官至右丞相。他自解家财，招募将士，抗击元军直至被俘牺牲。他所作诗文多与时事紧密结合，表现出坚贞的民族气节和昂扬的斗志，慷慨而悲壮。

李清照

（1084–1155）号易安居士，宋代女词人，济南（今山东济南）人。父亲为北宋文学家李格非。1101 年，与太学士赵明诚结婚，后随夫赴莱州、淄州等地任所，夫妇爱好诗词，喜好金石之学，收集图书文物。后北宋灭亡随夫南渡，明诚病死，又经变乱，金石书画丧失殆尽，此后生活颠沛流离、忧愁凄苦而死。李清照长于词、诗、文，兼书法、绘画，通音律，南渡前造词新丽，继承婉约派风格，南渡后的诗词文格一转，充满了国破家亡的惨痛深愁和对往事的回忆，又对昏君奸臣进行了谴责。

米　芾

（1051–1107）字元章，号鹿门居士、襄阳漫士、海岳外史。北宋书法家、画家，润州（今江苏镇江）人，书法擅长行书，有王羲之之风但技巧又有独到之处。又多临摹历代名家字画，人称为“米南宫”和“米颠”。

张择端

生卒年不详，字正道，北宋著名画家，密州诸城（今属山东）人。他所作的《清明上河图》描绘了当时宋朝京城汴京近郊清明节时社会各阶层的生活景象，在我国美术史上占有重要地位。

关汉卿

（约 1220–1300）号一斋、已斋叟。大都（今北京市）人，我国伟大的戏剧家，元杂剧的奠基人。他亲眼目睹了社会的离乱和元统治者的野蛮行径，为此，在他的作品中，充分揭露了当时政治的黑暗，谴责了统治者的仗势横行的罪恶，对受压迫的劳动人民和妇女的命运寄予了深切的同情，反映了广阔的社会生活，一生留下的剧作颇多，《窦娥冤》《救风尘》《望江亭》等都可为其代表之作。

关汉卿

王实甫

（约 1260–1336）一名德信，元代著名的剧作家，大都（今北京市）人。曾为官后闲居，他的剧作多为现实主义题材，带有明显的反封建主题，这对于后世的剧作及小说起了很大的影响。《西厢记》为其代表之作。

郑光祖

字德辉，元代剧作家，平阳襄陵（今山西临汾）人，官至杭州路使，以正直而闻名天下。他的作品多写名士怀才不遇、男女情爱婚姻、历史传说等，以文采见长，语言典雅。其散曲清丽圆润，颇具特色。《倩女离魂》为其代表之作。

王冕

（1287–1359）字元章，号煮石山农、饭牛翁、会稽外史、梅花屋主等，元末明初画家、文学家。诸暨（今属浙江）人，农家出身，勤奋好学，后从韩性学，成通儒，隐居九里山，以卖画为生。他的诗歌多写隐逸生活，反映民生疾苦，对元代统治者进行抨击。语言质朴、自然，善画梅和刻印，在当时很负盛名。

郭守敬

（1231–1316）字若思，元朝天文学家、水利学家和数学家，顺德邢台（今属河北）人。他历任提举诸河渠、都水少监、都水监、工部郎中、同知太史院事、太史令等职，主持大都附近通惠河的开凿。又与他人共同编制最《授时历》，施行360余年，为我国历法史上施行最久的历法，历法中一年的时间与实际地球绕太阳一周的时间只差26秒，并在全国各地设立观测站进行天文观测活动，还测定了黄赤交角。著有《推步》《立成》《古今交食考》等书，多已散失。

马致远

（约1250—1324）字千里，号东篱，元代曲作家，大都（今北京）人。曾为江浙行省务提举，晚年辞官隐居。《青衫泪》《汉宫秋》《荐福碑》等均为其代表作。小令以《天净沙·秋思》最为著名。

施耐庵

（约1296—1370）名子安，一名耳，明朝初期著名的小说家，兴化（今江苏兴化）人，一说钱塘（今浙州杭州）人。他是元末进士，曾出仕钱塘，后弃职还乡，迁居兴化白驹镇闭门著书。目睹元朝政治腐败，经历轰轰烈烈的农民大起义，与罗贯中合作，共同创作了《水浒传》，抒发了胸中愤慨。

祝允明

（1460—1527）字希哲，号枝山，又号枝指生、枝山老樵等，明代书法家，苏州长州（今江苏苏州）人。

曾官历广东兴宁知县、应天通判。他不拘礼法，行为放荡，精通篆、隶、行楷、草书等。

文徵明

（1470–1559）名璧，字徵明，后改字徵仲，号衡山居士，明代书法家、画家，苏州长州（今江苏苏州）人。曾任翰林院待诏，后弃官还乡，专事创作。他的书法清秀典雅，山水画秀丽稳健、清新淡逸。

李时珍

（1518–1593）字东璧，号濒湖山人，明代医药学家。湖北蕲州（今湖北蕲春）人。他出生于医学世家，为了广泛搜集药物标本和民间药方，走访了江南及黄河流域各地。经过 27 年的努力三易其稿，最终完成《本草纲目》。这是一部总结性的药物学著作，为中国乃至世界医药学发展做出了卓越贡献。

徐光启

（1562–1633）字子先，号玄扈，明代科学家，上海人。他官至礼部尚书，兼文渊阁大学士，主张学习要经世致用，深入研究农田水利，总结前人经验，著为《农政全书》，为当时农业百科全书，又与传教士利玛窦共同翻译欧几里得《几何原本》一书。

宋应星

（1587—1664?）字长庚，明末清初科学家，江西奉新人，曾为地方官，后弃官回乡。他博学，并主张学以致用，重视手工业的生产，著有《天工开物》一书。

徐霞客

（1586—1641）名弘祖，字振之，明代著名的地理学家，江苏江阴（今江苏江阴）人。少时博览群书，后弃科举而进行30余年的野外考察活动。他一生的游历及考察成果都写入《徐霞客游记》一书。

罗贯中

（1330—1400）名本，号湖海散人，明代著名小说家。太原（今属山西太原）人。他生于元末明初动乱之时，曾为元末农民起义军张士诚的幕僚，又在民间传说和讲史的基础上整理和加工了长篇小说《三国志通俗演义》，又编著了《隋唐两朝志传》《三遂平妖传》《粉妆楼》和《风云会》等。

吴承恩

（约1500—1582）字汝忠，号射阳山人，明代著名小说家，山阳（今江苏淮安）人。自幼性敏多慧，博览群书，喜欢神话故事，一生仕途不利，中年才补贡生，浙江长兴县丞，晚年辞官，闭门著书，著有神魔小说《西游记》。小说取材唐僧西天取经故事，借孙悟空大闹天宫等故事表露出了对封建秩序的不满。他的诗文清逸，揭露了当时风俗败坏，赞扬反抗强暴官吏。另有文言短篇小说《禹鼎记》。

汤显祖

(1550–1616) 字义仍，号若士，又号清远道人，明代著名戏剧家。临川（今江西抚州市）人，曾授南京太常寺博士、南京礼部侍郎，因弹劾权贵而被贬为广东徐闻典史、浙江遂昌县令，后辞官闲居，坚持创作，并有出世的佛、道思想，他的戏曲内容丰富，富有文采，反对拟古和拘泥于格律。其中以《牡丹亭》（又称《还魂记》《还魂梦》等）最为著名，还有《邯郸记》《南柯记》等剧作。诗文也有《红泉逸草》等传世。

冯梦龙

(1574–1646) 字犹龙、子犹，别署龙子犹，香月居顾曲散人、姑苏词奴、墨憨子、墨憨斋主人等，明代文学家、戏曲家、通俗小说家。长洲（今江苏苏州市）人，曾为寿宁知县，参与过抗清活动，后死于故乡。他将毕生精力用于通俗文学的编辑和刊行工作，曾编辑话本集三言，即《喻世明言》（又称古今小说）《警世通言》《醒世恒言》，另有《增补三遂平妖传》《东周列国志》，民歌集《山歌》《挂枝儿》，笔记《古今谈概》等。

凌濛初

（1580—1644）字玄房，号初成，别号即空观主人，明代小说家，浙江乌程（今浙江吴兴）人。曾任上海县丞，升徐州通判。仇视并对抗李自成领导的农民起义军，后被围困，呕血而死，编著短篇小说集《初刻拍案惊奇》《二刻拍案惊奇》，又编有《南音之籁》，著有《国门集》及杂剧《虬髯翁》等。

顾炎武

（1613—1682）字宁人，号亭林，明末清初思想家，江苏昆山人，曾亲自参与了抗清斗争，后来隐居在陕西华阴。他反对君主专制，提倡学以致用，又深入研究国家典制、天文仪象、经史百家、文字考古等，他的思想和研究对清代学者起了很大的影响。著有《日知录》《天下郡国利病书》等。

顾炎武

王夫之

（1619—1692）字而农，号船山，明末清初思想家，湖南衡阳人，曾在衡阳抵抗清兵的入侵，失败后曾仕于南阳，后归家乡衡山附近的石船山著书立说。他认为世界是由物质构成，自然和社会都在不断变化，具有唯物主义思想。他反对君主专制，主张政治革新，在中国乃至世界思想史上都占有重要地位。

黄宗羲

（1610–1695）字太冲，号南雷，世称梨州先生，明末清初思想家，浙江余姚人，曾集合志士抵抗清兵，又追随南明政权坚持抗清。南明灭亡后，隐居著述。他在思想上反对君主专制，批驳了轻视工商业的传统观念，这对后世产生了积极的影响，他有《明夷待访录》《明儒学案》等著作。

蒲松龄

（1640–1715）字留仙，一字剑臣，别号柳泉居士，也称聊斋先生，清代小说家。山东淄川（今山东省淄博市）人，年幼即连得县、府、道第一，后屡试不中，七十一岁才中贡生。长期生活于农村，一生贫困，对劳动人民的疾苦深有体会，用毕生的精力编成了神鬼小说集《聊斋志异》。书中借花妖狐鬼，抨击了封建社会的黑暗腐败，揭露了八股取士的腐朽，赞扬了下层劳动人民勇于追求爱情的精神，另外他还作了大量戏文、俚曲等。

【画十二月月令图】轴 局部［清］画院 中国台北故宫博物院藏 25－2

【画十二月月令图】轴 局部 [清] 画院 中国台北故宫博物院藏 25-2

郑 燮

（1693–1765）字克柔，号板桥，清代画家。江苏兴化人，少年家贫，官知山东范县、潍县，勤修吏治，后因赈济得罪豪绅而去职，在扬州以卖画、自耕谋生。他擅长画兰和竹，书法上自成一格，号“六分半书”。他的诗抒情叙事清新流畅，真实动人，反映了人民的悲痛之情，有《郑板桥集》传世。

吴敬梓

（1701–1754）字敏轩，晚年号文木，清代小说家，安徽全椒县人，出身名门贵族，少年时善于记诵，早年生活放荡，后家业衰落，曾被举为博学鸿词科未赴。晚年贫困，最终客死扬州。著有长篇讽刺小说《儒林外史》，书中通过对士大夫的描写，揭露了他们的丑陋嘴脸，抨击了士大夫的丑恶灵魂和精神面貌，是讽刺小说中的杰作。另他还著有《文木山房诗文集》十二卷。

曹雪芹

（约 1715–1763）名霑，字梦阮，号雪芹、芹圃、芹溪，清代伟大的小说家，祖籍今河北丰润区人。他祖上三代历任江宁织造，后父因事而获罪，产业籍没，家道衰落，曹雪芹随父归北京，后居北京西郊以卖画、依靠朋友度日，终因贫病无医，加之其子夭殇，伤感过度而亡。曹雪芹历十年时间完成小说《石头记》（《红楼梦》），书中以林黛玉与贾宝玉的爱情悲剧为线索，描述了一个贵族家庭由盛变衰的过程，剖析和批判了黑暗腐朽的封建社会，是我国古典小说中最伟大的现实主义小说。

纪 昀

（1724–1805）字晓岚，又字春帆，自号石云，清代文学家，直隶献县（今河北献县）人，官侍读学士，后因事而被发配至乌鲁木齐，赦还后授编修、礼部尚书、协办大学士、太子少保等职。纪昀学识渊博，曾任四库全书馆总纂官，定四库总目提要。并著有《阅微草堂笔记》，是继《聊斋志异》后的另一部影响很大的短篇小说集。

纪 昀

纳兰性德

（1655–1685）原名成德，字容若，号楞伽山人，满洲正黄旗人，父亲为大学士明珠。他为康熙侍卫，酷爱文学，为满族大词人。他的词风格清新婉丽，抒情真挚，描写生动自然，情调过于伤感，有《饮水词》《通志堂集》等。

李　渔

（1611–1680）字笠翁，号觉世稗官。清代著名戏剧作家，浙江兰溪人，生于江苏如皋。他携歌妓伶人到各地演出，积累了极为丰富的实践经验，晚年移家杭州西子湖畔。他所著的《闲情偶寄》记载了他一生的戏曲理论。另外他还有《奈何天》《比目鱼》等18种戏剧。

金圣叹

（1608–1661）名喟，又名人瑞，字若采，江苏长洲（今江苏苏州）人。他倜傥不群，为文怪僻，自负其才，后因哭庙案所累而被杀。金圣叹喜批书籍，又点评《水浒》《西厢记》，有《圣叹全集》行于世。

洪　迈

（1123–1102）字景卢，别号容斋，饶州鄱阳（今属江西）人，出使金国而不屈被拜翰林学士。晚年归乡里从事著述。有《容斋五笔》《夷坚志》等传世。

文化典籍

《黄帝内经》

《黄帝内经》是我国第一部医药书籍，也是我国现存最早的系统性医学巨著。它经过秦汉时期的增补修订，最后定为《素问》和《灵枢》两大部分。这两大部分各分为81篇，全面论述了人的生理、病理、病因、诊断、治疗等方面的内容。《黄帝内经》初步建立了中国医学的理论体系，中医的阴阳、五行、肺腑、经络等理论皆源于此书。2000多年以来，它一直指导着中医的临床实践。迄今为止，《黄帝内经》依然被奉为医学正典。

《齐民要术》

是我国第一部农业百科全书，作者北魏贾思勰。全书共10卷，92篇。分别论述了各种粮食作物、蔬菜、果树、竹木的栽培，家畜、家禽的饲养，农产品加工和副业等，比较系统地总结了6世纪以前黄河中下游地区劳动人民的丰富的农业生产经验。书中所介绍的嫁接技术、树苗的繁殖、家畜家禽的去势肥育以及多种农产品加工的经验，都显示出汉魏时代我国农业生产已经达到了相当的高度。

《徐霞客游记》

明代徐弘祖（号霞客）著。原著已有散佚，经后人编次。世传本有10卷、12卷、20卷等数种。主要按日记的形式记述作者30余年间旅行观察所得，对地理、水文、地质、植物等现象均作有详细记录，开辟了地理学上系统观察自然、描述自然的新方向。对西南边区地理的研究提供了不少稀有资料。书中有关石炭岩石地貌的记述，早于欧洲约两个世纪。另外，本书文笔生动、记述精详，又是一本很好的文学作品。

《水 经 注》

郦道元（466—527）著。郦道元，字善长，范阳涿鹿（今河北涿县）人。北魏时期著名的地理学家。他对地理著作和山川名胜极有研究，为三国时代的《水经》作注，写成《水经注》。该书记叙了中国1252条大小河流，目的是“因水以证地，即地以存古”，是一部全面的、综合性的地理著作。因此文文笔优美，还是一部脍炙人口的山水文学名著。

《山 海 经》

中国古代地理著作，也是保存上古神化最多的先秦典籍。共18卷，作者不详。现在有人认为是从战国初年到汉代初年巴蜀地方的人所作，是西汉刘歆编订的。全书分5篇《山经》、4篇海外经、5篇海内经、4篇大荒经，共30000余字，讲述了将近100个神话故事。内容主要为民间传说中的地理知识，包括山川、道里、民族、物产、药物、祭祀、巫医等。多为异物和神奇灵怪，保存了不少远古神话传说，如《精卫填海》《夸父逐日》等。

《周髀算经》

是我国现存最早的数学著作，也是一部天文学著作，大约在一世纪成书。该书对数学上的难度大、相当复杂的分数乘除的计算方法进行了较系统的阐述。对勾股定理也进行了论述，还记载了它的应用情况。三国时东吴人赵爽注解《周髀算经》时，用弦图给勾股定理做了证明。在天文学方面，该书对宇宙结构等问题也做了初步描述。

《颜氏家训》

是杂论集。南北朝时期北齐人颜之推作，清代赵曦明作注。本集共7卷，20篇。颜氏著此书旨在训诫子孙，故名“家训”。用儒家思想教育子弟，以亲身见闻为例，讽刺了北方士大夫丧失民族气节，南方贵族骄奢淫逸的不良作风。语言平易亲切，时见情采。

颜之推

他反对齐梁形式主义的文风，观点颇近于刘勰。其中《书证》《音辞》考证文字音韵，很有学术价值。

《淮 南 子》

又名《淮南鸿烈》，是一部杂家著作，西汉刘安（淮南王）主编。最初所作《外书》《中篇》已佚，今存为《内篇》21 卷。本书杂采先秦诸子之说，以阴阳五行和道家天道自然观立论，杂糅儒、墨、法、刑、名诸家学说，反映了作者“澹泊无为，蹈虚守静”的黄老无为思想。文体与《吕氏春秋》近似，保存了很多神话传说和史实，如《女娲补天》《后羿射日》《嫦娥奔月》等，均有较高的文学、史料价值。寓言故事则含意深刻。在论文方面，大多深切文理，发展了道家文艺思想。

《吕氏春秋》

又名《吕览》，是战国末年秦相吕不韦集合手下的门客共同编写的。此书出自众手，大家各记所闻，因而内容虽以儒、道为主，亦取墨、法、名、农、阴阳等诸家学说，被后人尊为杂家的代表作。全书共 26 卷，160 篇，总结了春秋战国时百家争鸣成果。语言简洁、生动、形象，其中“刻舟求剑”等寓言脍炙人口，流传至今。

《韩 非 子》

是集先秦法家学说大成的代表作。韩非死后，后人搜集其遗著，并加入他人论述韩非学说的文章编成。《汉书·艺文志》著录55篇，全书10万余言。提出了一套“法”“术”“势”相结合的法治主张。韩非口吃，不善言谈而善于著书，他的散文成就很高。他的理论文字，逻辑严谨，结构紧凑，笔锋犀利，说理精密。其中《五蠹》《孤愤》《说难》等代表作，对后世论说文影响较大。他善用寓言，巧设比喻，使文章明白易懂。《韩非子》中有不少著名的寓言故事，如《守株待兔》《自相矛盾》《滥竽充数》《智子疑邻》等，都是古代寓言中的优秀之作，至今为人们所熟悉。

《荀 子》

战国末期思想家、文学家荀况（卿）著。全书共20卷32篇，其中最后的《大略》等6篇，或许为其门人所记。本书总结和发展了先秦的哲学思想。其中阐述自然观的主要有《天论》，阐述认识论的有《解蔽》，阐述逻辑思想的主要有《正名》，阐述伦理政治思想的有《性恶》《礼论》《王霸》《王制》等篇。《非十二子》是对先秦各学派的一个批判性的总结。《成相》篇以民间文学形式宣传为君、治国之道。荀子的议论性散文说理透辟、取譬精警、朴实浑厚、结构平整，标志着说理散文的发展。另外，《荀子》集中还有5篇短赋，对后来的汉赋也有一定的影响。

《列　子》

相传为列御寇著。今本《列子》共8篇，是晋人搜集有关的传说编成。8篇的内容为：《天瑞》《黄帝》《周穆王》《仲尼》《汤问》《力命》《杨朱》《说符》，共计134则。《列子》宣扬“主正”“贵虚”等学说。主正是接受儒家正名学说，要求名义跟实际一致；贵虚本是道家学说的观点，主张虚无，一切听其自然，不要有所作为。书中大部分属于民间故事、寓言和神话传说。这些作品在文学上有很大价值。但也有些宿命论的糟粕夹杂在里面，应予以批判。

《孙子兵法》

春秋末年孙武所著，又叫《孙武兵法》。这是中国古代最著名的兵书，也是世界上现存的最古老的军事理论著作，共13篇。该书总结了春秋末期及以前历史上的战争经验，揭示了一系列带有普遍性的军事规律，如孙子认为“知己知彼，百战不殆”，注重了解情况，全面地分析敌我双方，并通过对战争客

孙　武

观规律的认识和掌握以克敌致胜。还提出“兵无常势，水无常形”，强调了战略战术上的“奇正相生”和灵活运用。他的这些思想有丰富的朴素唯物主义和辩证法因素，被称为《兵经》，历来都在国内外受到推崇。

《老　子》

又称《道德经》《老子五千文》，是道家的主要经典著作，相传为春秋末年老聃所著。本书具有浓厚的战国时代色彩，可能是老子的后学者根据他的学说加以发挥补充而成的，成书于战国时代，基本上仍保留了老子本人的主要思想。其哲学思想基本上是客观唯心主义的，主张自然无为，主张以虚无的本体“道”来代替商周以来的天命观。但书中所包含的朴素辩证法因素，在先秦著作中占有相当突出的地位。全书共 81 章，约 5000 字，基本上是韵文。

《庄　子》

也称《南华经》，是继《老子》之后又一道家经典著作，是战国时期的庄周及其后学者编著。共 52 篇，现存 33 篇。前人把它分为内篇、外篇、杂篇三类。一般认为，内篇 7 篇为庄子所作，其余篇章则为其门人或后学所作。它基本上是一部唯心主义的哲学作品，但也具有一定的文学价值，总体上说来，它的文学价值大于其哲学价值，对后世的文学有巨大的影响。

《墨　子》

是墨家学派的著作总汇。现存53篇，其中《兼爱》《非攻》《尚贤》等篇代表了墨子的主要思想，一般认为是墨翟所作。而其余各篇章则被认为是其门徒或后学所作。墨家重口说，不重视著书；重实际，不注重文采。因此，《墨子》这部书，很少文采，但文字通俗朴实、明快通畅，论述时条理严谨、逻辑性强，在先秦诸子散文中具有独特的风格。它对后世论辩文的发展，也产生过积极的作用。

《资治通鉴》

北宋司马光撰，294卷，又《考异》《目录》各30卷，编年体通史。神宗元丰七年（1084）完成，历时19年。神宗以其“鉴于往事，有资于治道”，故命名为《资治通鉴》。全书上起周威烈王二十三年（前403），下迄后周世宗显德六年（959）。取材除十七史以外，尚有野史、传状、文集、谱录等322种。帮助编撰者有刘攽、刘恕、范祖禹等，各就所长，分段负责，先排比材料为“丛目”，再编成“长编”，然后由司马光总其成，删订定稿。内容以政治、军事为主，略于经济、文化。

《三 国 志》

西晋陈寿撰。纪传体三国史，共65卷，包括《魏书》30卷，《蜀书》55卷，《吴书》20卷。起初《魏书》《蜀书》《吴书》各自独立。《魏书》和《吴书》主要取材于王沈的《魏书》、鱼豢的《魏略》和韦昭的《吴书》。蜀国因无史官而无史书，《蜀书》全由陈寿采集资料编成。因该书材料不够丰富，故内容欠充实，也无表志。南朝宋裴松之为之作注，广搜博引，注文多出本文数倍，对原书作了很好的补充和考证。北宋雕版时将魏、蜀、吴三书合成一种，始称《三国志》。此书在断代史中别具一格，叙事简洁、文笔质朴、取材精审、人称“差叙事，有良史之才”。后人常将它与《史记》《汉书》《后汉书》并称为“前四史”。

《汉 书》

《前四史》《二十四史》之一，东汉班固撰，共100篇，120卷，我国第一部纪传体断代史，只记西汉一代史事。叙述了西汉200多年政治、经济、文化的发展情况。内容丰富，构思缜密，继承了《史记》的体例而稍有改变，如改“书 ”为“志”，取消“世家”，增加了“刑法”“五行”“地理”“艺文”“四志”及“百官公卿表”等，是研究西汉历史的重要史料。

《后汉书》

《前四史》《二十四史》之一。纪传体东汉史，南朝宋范晔撰。今本包括本纪十、列传八十、志三十，共120篇，130卷。原书只有纪传，还有十志未写就，南朝刘昭为它作注时，取司马彪《续汉书》八志补入，合为一书，传于今。《后汉书》文字简洁，叙事明白，刻画人物有独到之处，还独创了一些新的类传，如《党锢传》《宦者传》《文苑传》《独行传》《方术传》《逸民传》《烈女传》等。此书一问世，众家所修后汉史书都告废弃。

《史记》

《前四史》《二十四史》之一，是我国第一部纪传体通史，它全面记述了传说中的黄帝至汉武帝3000年来的政治、经济、文化等多方面的历史情况。全书包括本纪、表、书、世家和列传，共130篇，52万余字。“本纪”叙述历代最高统治者帝王的政绩；“表”是各个历史时期的简单大事记；“书”是个别事件始末的文献，分别叙述天文、历法、水利、经济、文化、艺术等方面的发展和现状，与后世的专门科学史相近；“世家”

司马迁

主要叙述贵族侯王的历史；“列传”则是各种不同类型、不同阶层人物的传记。《史记》虽是一部史书，但却具有极高的文学价值，被鲁迅先生誉为：“史家之绝唱，无韵之离骚。”

《二十四史》

清乾隆时，《明史》定稿，诏刊二十二史，又诏增《旧唐书》，并从《永乐大典》中辑出薛居正《旧五代史》，合称二十四史。二十四史书名、卷数、作者如下：《史记》，共130卷，西汉司马迁著；《汉书》，共120卷，东汉班固著；《后汉书》，共130卷，南朝宋范晔著；《三国志》，共65卷，晋陈寿著；《晋书》，共130卷，唐房玄龄等著；《宋书》，共100卷，梁沈约著；《南齐书》，共59卷，梁萧子显著；《梁书》，共56卷，唐姚思廉著；《陈书》，共36卷，唐姚思廉著；《魏书》，共130卷，北齐魏收著；《北齐书》，共50卷，唐李百药著；《周书》，共50卷，唐令狐德棻等著；《隋书》，共85卷，唐魏徵等著；《南史》，共80卷，唐李延寿著；《北史》，共100卷，唐李延寿著；《旧唐书》共200卷，后晋刘昫等著；《新唐书》，共225卷，宋欧阳修等著；《旧五代史》，共150卷，宋薛居正等著；《新五代史》，共74卷，宋欧阳修著；《宋史》，共496卷，元脱脱等著；《辽史》，共116卷，元脱脱等箸；《金史》，共135卷，元脱脱等著；《元史》，共210卷，明宋濂著；《明史》，共332卷，清张廷玉等著。

《左　传》

亦称《春秋左氏传》或《左氏春秋》，儒家经典之一。作者为与孔子同时代的左丘明。《左传》是我国第一部完整的编年体史书，是按鲁国国君顺序记事，详细记叙了春秋时代各国的政治、外交、社会事件以及一些代表人物的活动。创造了多样的篇章结构和富有魅力的文学语言，尤其擅长于对人物的刻画和对战争事件的描写。散文《郑伯克段于鄢》《晋楚城濮之战》《秦晋崤之战》《曹刿论战》等均出自《左传》。为中国古代史学和文学名篇。对后世叙事散文和小说的创作都有深远影响。

《战 国 策》

是战国时期游说之士的策谋及言论的汇编。初有《过策》《国事》《事语》《短长》《长书》《修书》等名称和本子，西汉末年刘向编订为33篇。《战国策》记载了春秋以后至秦灭六国时期240年间的史事，广泛地反映了战国时期错综复杂的历史。其文章特点长于记事，在复杂的政治事件中记述人物的言行，写出不少性格鲜明的人物形象和情节曲折的完整故事，大量运用排比、夸张、比喻等艺术手法，并杂以寓言故事，对汉以后的辞赋家、散文家均有深远影响。散文名篇《邹忌讽齐王纳谏》《冯谖客孟尝君》《触龙说赵太后》《荆轲刺秦王》等均出自《战国策》。其艺术成就为世人所公认，对后世文学创作影响巨大。

《国　语》

我国第一部国别体史书。相传为春秋时左丘明作。本书分别记叙了周、鲁、齐、晋、郑、楚、吴、越八国的历史。其中《晋语》最详细，周、鲁、楚三国语次之，齐、郑、吴、越四国语又次之。《国语》叙事少而记言多，而《左传》则以叙事为主，因此，很像《左传》的姊妹篇，可相互参证，因而有《春秋外传》或《左氏外传》之称。它是研究先秦史的重要资料，文字朴实、简括，文学成就不及《左传》，但也不乏较为生动的文字。

《春　秋》

乃儒家经典，是五经之一，鲁国的编年体史书，相传为孔子编订。始于鲁隐公元年（前722），止于鲁哀公十四年（前481）。以鲁国十二公纪年为序，记载了242年间鲁国以及相关国家的史事。记事往往以周礼为原则，用“属辞比事”的方法，文辞简约。西汉以来就被儒家列为经典之一。

《论　语》

乃儒家经典，是四书之一，是孔子及其弟子言行录。由孔子的门人和再传弟子记录、汇编而成。现存20篇。《论语》在汉初被列为官学，东汉时被列为七经之一。南宋理学家朱熹将《论语》与《大学》《中庸》《孟子》合编为四书，并为之作注。《论语》是儒家学说的主要思想、理论来源之一，对中国2000余年的传统文化及社会发展产生过巨大的作用。

《孟　子》

孟　子

乃儒家经典，是四书之一，是孟子讲学语录、谈话录和答弟子问的汇编。由孟子及其弟子万章、公孙丑等人所著。现存七篇。宋代以前，被列为诸子类，至宋代列入十三经。南宋理学家朱熹《孟子》《论语》《中庸》和《大学》合编为四书，并为之作注。《孟子》和《论语》一样，同样是儒家学说的主要思想、理论来源之一。

《周　易》

又叫《易经》或《易》，乃儒家经典，是五经之一。相传为周文王所作，周公旦加工。包括《经》和《传》

两部分。《经》主要是六十四卦和三百八十四爻，以及解释卦、爻的卦辞、爻辞。《传》包括解释卦辞、爻辞的七种文辞共十篇，称为《十翼》。《周易》通过象征天、地、风、雷、水、火、山、泽八种自然现象的八卦形式来推测自然和人事的变化，内容涉及到政治、经济、军事、宗教、文化等各个方面，包含了非常丰富的哲学思想。

《周　礼》

亦称《周官》和《周官经》，儒家经典之一。搜集了周王室的官制和战国时各国的制度，是添附儒家政治理想，增减排比而成的汇编。古文经学家认为是周公所作，今文经学家认为出于战国，也有人认为是西汉刘歆所伪造。全书共有《天官冢宰》《地官司徒》《春官宗伯》《夏官司马》《秋官司寇》《冬官司空》等六篇。其中《冬官司空》早佚，汉时补以《考工记》。有东汉郑玄《周礼注》、唐贾公彦《周礼注疏》、清孙诒让《周礼正义》等。

《礼　记》

是儒家经典，乃五经之一，是战国至西汉初儒家有关礼仪著作的选编。注解《礼经》的书就称为《礼记》。西汉已有百数十篇，戴德选定其中 85 篇，称为《大戴礼记》。其侄子戴圣从《大戴礼记》中选出49篇另编成书，称为《小戴礼记》，即今本《礼记》。《礼记》是研究中国古代政治制度、礼仪制度及儒家学说的重要参考文献。

《尚　书》

《尚书》原称《书》，到汉代改称"尚书"，意为上代之书，是中国最古老的记言史书。《尚书》分为《虞书》《夏书》《商书》《周书》四部分，主要记录了虞夏商周时期部分帝王的言行，绝大部分是向大众宣布的话即号令，小部分是君臣相告的话。《尚书》以天命观念解释历史兴亡，为现实提供借鉴，要求君主敬德、重民。自汉以来，《尚书》一直被视为中国封建社会的政治哲学经典，既是帝王的教科书，又是贵族子弟及士大夫必修的"大经大法"。

《诗　经》

我国第一部诗歌总集。原称《诗》或《诗三百》，后称为《诗经》。汉武帝时立为"五经"之一，是儒家经典之一。汉代传《诗》者有鲁、齐、韩、毛四家。但鲁、齐、韩三家《诗》早佚，今流传的《诗》即《毛诗》。《诗经》编成于春秋时代，共305篇，分"风""雅""颂"三大类。"风"有十五国风，共160篇。"雅"有"大雅”和“小雅”之分，共105篇；“颂”有“周颂”“鲁颂”“商颂”，共40篇。传说为孔子删订而成。诗歌从各个方面表现了当时的社会生活，对西周末和春秋时期政治的混乱，统治者的荒淫残暴也有深刻揭露。形式以四言为主，普遍运用赋、比、兴手法。描写生动，语言朴素优美，音节自然和谐，富有艺术感染力，对后代文学影响深远。

《四书章句集注》

简称《四书集注》。南宋朱熹编注。包括《大学章句》一卷，《中庸章句》1卷，《论语集注》10卷，《孟子集注》7卷，“四书”之名从此定。注释中颇多发挥理学家的观点，由于明清统治者提倡理学，因而被定为必读注本。

朱 熹

《五 经》

五部儒家经典，即《诗》《书》《礼》《易》《春秋》。其中保存有中国古代丰富的历史资料，长期成为封建统治阶级的教科书，还作为宣传宗法封建思想的理论根据。

《十 三 经》

十三部儒家经典。汉代开始，把《诗》《书》《礼》《易》《春秋》称为“五经”。唐代把《周礼》《礼记》《仪礼》《公羊传》《谷梁传》《左传》与《诗》《书》《易》称为“九经”。唐文宗刻石经，将《孝经》《论语》《尔雅》列入经部称为“十二经”。宋代又将《孟子》列入，因有“十三经”之称。

《人 物 志》

书名，三国魏刘劭著，共三卷。书中内容适应汉末魏初地方察举用人和品鉴人才的需要，对于人的本性、才具以及志业等分别加以阐析。作者认为人的材质决定于所秉赋的“元一阴阳之气”，并提出“人之质量，中和最贵”。其立论方法最似名家，“考课核实”近法家，“中庸至德”则为儒家。认为居官之道，“盖善以不伐为大，贤以自矜为损”，能遵守卑让之德，就能“转祸而为福，屈仇而为友”，在根本思想上又接近道家。这对开启魏晋名理玄谈风气有很大影响。

《管 子》

书名，战国时齐稷下学者托管仲名所作。其中也有汉代附益部分，共 24 卷，原本 86 篇，今存 76 篇，分为 8 类。书中内容庞杂，包含有道、名、法等家的思想以及天文、历数、舆地、经济和农业等知识。其中《牧民》《形势》《权修》《乘马》等篇存有管仲遗说。《轻重》等篇是中国古代典籍中阐述经济问题篇幅较多的著作，在生产、分配、交易、消费和财政等方面均有所论述。《心术》《白心》《内业》等篇，保存了一部分道家关于“气”的学说。《水地》篇提出了以“水”为万物根源的思想。《度地》等篇专论水利，《地员》篇专论土壤。

管 仲

《抱 朴 子》

书名，晋葛洪著，洪自号抱朴子、因以名其书。分内外篇。内篇 20 卷（篇），谈“神仙方药，鬼怪变化，养生延年，禳邪却祸之事”，为现存体系最完整的“神仙家言”，对道教理论有一定的发展。外篇 50 卷（篇），评论“人间得失，世事臧否”，反映作者内神仙而外儒术的立场。在内篇《金丹》《黄白》等篇里，研究用矿物炼丹药，炼金银；在《仙药》及其他篇中，有用植物治疗疾病的记载，对化学和制药学的发展有一定贡献。

《四库全书》

从书名。1772年开四库全书馆纂修，1782年始成，1793年刊行。总纂修官为纪昀等人。共收书3503种，79337卷。分经、史、子、集四部，故名四库。全书包罗宏大，内容极为广泛。全书缮写七部，分藏文渊、文源、文津、文宗、文汇、文溯、文澜七阁。文汇、文宗均毁于战火，文源被英法联军焚毁，文澜所藏亦多散失，经补抄得全。文渊阁所存四库全书保存完好。

《康熙字典》

汉语字典。清张玉书、陈廷敬等人奉康熙帝诏而编。于1716年印行。共收单字47000余个。全书按部首编排，所收单字尽量顾及不同的音切和意义，大都列举书证，对阅读古书，查考文字的本义颇有价值。后来的刊本还把见于《说文解字》的篆体列于书眉，以资参考。道光时，王引之等奉敕考证，订正失误2500多条，撰成《字典考证》。

《尔　雅》

中国最早的词典。由汉初学者为解说经传而编纂的一部分类词典。按字、词的性质和意义分类排列，分为释诂、释言、释训、释亲、释宫、释器、释乐、释天、释地、释丘、释山、释水、释草、释木、释虫、释鱼、释鸟、释兽、释畜十九类。以晋郭璞注、宋邢昺疏本最为通行。

《红 楼 梦》

清曹雪芹著，原名《石头记》，全书120回，后40回一般认为是高鄂续写。书中描述荣、宁二府由盛至衰的全过程，以贾宝玉、林黛玉、薛宝钗之间的爱情和婚姻悲剧为主线，揭露了封建社会后期的黑暗和罪恶，显示了封建制度濒于崩溃和必然灭亡的历史趋势。作品规模宏大，结构严谨，情节生动，语言绚丽多彩，尤善于刻画人物，塑造了各阶级、各阶层的人物形象，是我国古典小说的代表。

《儒林外史》

清吴敬梓著，长篇小说。全书以十多个独立又有联系的故事，细腻地刻画了一群追求功名富贵的封建儒生和贪官污吏的形象，暴露出封建社会的腐朽和黑暗。小说运用讽刺艺术表达主题，选择典型情节表现人物性格，语言精炼、准确，是古代讽刺小说的典范。

《聊斋志异》

清蒲松龄著，文言短篇小说集。书中内容多描写幽冥幻域之境、鬼狐花妖之事，曲折地反映了明末清初的现实生活。作者创造性地继承了六朝志怪小说和

蒲松龄

唐传奇的优秀传统，对清代文言小说产生了深刻影响。

《水 浒 传》

元末明初施耐庵著。我国第一部以农民起义为题材的长篇小说。这是根据民间长期流传的北宋晚期宋江领导的山东梁山泊农民起义的故事而创作的。书中塑造了李逵、武松、林冲、鲁智深等一系列梁山英雄的人物形象，揭露了封建统治阶级的残暴与腐朽，反映了人民群众的反抗精神。全书情节曲折，语言生动，人物性格鲜明，具有高度的艺术成就，是我国古代四大名著之一。

《三国演义》

元末明初罗贯中著。我国最早的长篇历史小说，根据历史记载和民间传说而创作。书中描写了东汉末年和三国时期复杂的政治、军事斗争，勾画出当时的社会风气，为读者提供了丰富的历史知识和政治、军事斗争经验。故事情节生动曲折，人物形象栩栩如生，是我国古代四大名著之一。

《西 游 记》

明代吴承恩著。长篇神魔小说，共 100 回。作者据唐代名僧玄奘去天竺（今印度）取经的真实历史事件，在民间传说和有关话本、杂剧基础上再创作而成。以神猴孙悟空为主人公，描写了孙悟空大闹天宫，保护唐僧西天取经的故事。全书想象丰富、情节曲折、语言生动诙谐，别具一格。书中塑造的孙悟空、猪八戒、唐僧等艺术形象，极具个性。本书亦为四大名著之一。

《三言二拍》

五种明人辑著的话本及拟话本集的总称。“三言”为《喻世明言》（原名《古今小说》）《警世通言》《醒世恒言》，明末冯梦龙纂辑，共收话本 120 篇。“二拍”为《初刻拍案惊奇》《二刻拍案惊奇》，明末凌濛初编著，共 80 篇（内有一篇重复和一篇杂剧）。后又有抱瓮老人从诸书中选录 40 篇另编为集，题名为《今古传奇》。

《今古奇观》

又称《今古传奇》，话本选集。题姑苏抱瓮老人辑。书前又题“墨憨斋手定”，故辑者可能是冯梦龙的朋友。40 篇，其中 29 篇选自“三言”，11 篇选自“二拍”。所选作品以明代为限，不收宋元旧作。选录较精，是当时一部较好的明人话本选集。

《阅微草堂笔记》

笔记小说集，清纪昀作。全书分《滦阳消夏录》《如是我闻》《槐西杂志》《姑妄听之》《滦阳杂录》5种，共24卷。内容多写鬼怪神异故事，间杂考辨，对宋儒之苛察，有所不满。

《西 厢 记》

全名《崔莺莺待月西厢记》。杂剧剧本，元代王实甫著。书中描写书生张生在普救寺与相国之女崔莺莺相爱的故事。他们在泼辣、机智的丫鬟红娘的帮助下，冲破莺莺母亲的阻拦，终于结为伉俪。《西厢记》批判了封建礼教，歌颂了青年男女争取爱情自由的斗争，几百年来，已成为家喻户晓的故事。全书人物性格和情节丰富生动，文词优美，在戏曲文学发展史上有深远影响。

《牡 丹 亭》

又名《还魂记》，明代戏曲，汤显祖作。书中描写南宋南安太守之女杜丽娘，梦与书生柳梦梅相爱，醒后感伤病死。后柳至南安，见丽娘自画像，深为爱慕，丽娘感而复生，两人结为夫妇。剧本大胆地揭露了封建社会礼教的罪恶，人物心理刻画细腻入微，曲词优美，对戏曲的发展有较大影响。

《桃 花 扇》

孔尚任

传奇剧本，清初孔尚任作。全剧以复社名士侯方域与秦淮名妓李香君的爱情故事为线索，描写了南明亡国的历史悲剧，展示了明清之际广阔的社会生活，歌颂了坚持民族气节的主战派史可法和下层人民。对马士英、阮大铖一伙祸国殃民的败类做了无情的揭露与鞭挞；对清朝统治者有一定程度的美化；对李自成领导的农民起义，采取了敌视的错误态度。剧本文词流畅，结构严谨。这个剧本当时曾得到广泛共鸣，一度哄动剧坛。

《长 生 殿》

传奇剧本，清洪昇作。前半部写唐明皇宠幸杨贵妃，任杨国忠为相，政治腐败；安禄山作乱，进攻长安，唐明皇仓皇出逃，走到马嵬坡时，将士愤慨，杀死杨国忠，迫杨贵妃自缢。后半部写唐明皇对杨贵妃的怀念以及两人在天上相会。剧本描写了两人的爱情生活，反映了当时社会的政治动乱，对人民的疾苦也有所表现。

《太平广记》

小说总集，北宋李昉等编辑。因书成于宋太宗太平兴国年间，故名。全书500卷，另目录10卷。按性质分92大类。采录自汉至宋初的小说、笔记、稗史等400多种，保存了大量的古小说资料。其中引用的书，有很多已经散佚、残缺或被后人窜改，赖此书得以考见。但所采各书文字，亦多有改动。有明嘉靖年间谈恺刻本和今人汪绍楹的校正排印本传世。

《楚　辞》

文集名，西汉刘向编辑成集。原收战国时代楚国人屈原、宋玉及汉代东方朔、王褒、刘向等人辞赋共16篇。以屈原作品为主，著名的有《离骚》《九歌》《九章》等。其余各篇也都是承袭屈原文体的形式，运用楚地的文学样式、方言声韵等，具有浓厚的地方彩色，故名“楚辞”。又因屈原作品中以《离骚》一篇最为著名而称为“骚体”。

《唐诗三百首》

唐诗选集，清蘅塘退士（孙洙）编选。共选唐代诗人77家，310首诗。按五言古诗、五言乐府、七言古诗、七言乐府、五律、七律、五绝、七绝的顺序排列。所选录的多为唐诗中传颂千古的佳作。

《昭明文选》

又称《文选》，诗文总集。南朝梁萧统（昭明太子）

选编。选录先秦至梁800年间各种体裁的文章，分赋、诗、骚、诏、册、令、表、论等38类，共700余篇。意在辨明文体源流及功用，构建创作典范。所选作家除无名氏外，皆为各个时代的代表人物。作品以晋之后较多，是现存最早的一部诗文选集。

《乐府诗集》

总集名，北宋郭茂倩编。全书100卷，12类，辑录汉魏至唐、五代的乐府歌辞，兼及先秦至唐末的歌谣。有民间歌谣，也有文人作品。全书各类有总序，每曲有题解，对各种曲调及歌辞的起源和发展都有记述，资料极为丰富。

《文心雕龙》

古代文学理论著作，南朝梁刘勰著。全书50多篇，包括绪论、文体论、创作论、批评论四个主要部分。书中论述了文学创作中的一些重要问题，主张文学应反映社会内容。在文学时代、艺术形象与艺术思维的特点、文学体裁与风格、内容与形式、继承与革新、欣赏与批评等方面，都有深刻而精辟的分析、阐述。这是我国古代文学批评史上的杰出著作。

《全 唐 诗》

总集名，清彭定求等十人奉敕编。曾经康熙帝作序，故又称《钦定全唐诗》。全书900卷，以清初季振宜《唐诗》为底本，参取明胡震亨《唐音统签》增订而成。共收唐、五代诗歌49403首，残句1000余条，作者2837人，大致按时代前后排列，并系小传。间有校注，考订字句异同及篇章互见情况。为研究唐诗的重要参考书。

《全 宋 词》

总集名，今人唐圭璋编。本书汇辑前人所编各类宋人词集，并从诗文总集别集、史籍方志、类书笔记、书画题跋、金石著录等书中广泛搜集宋人词作，共录词1330余家，19900余首，残篇530余首。以作者为经，以时代先后为序，各家附有小传，对词人生平和作品署名互见及误题者并进行考订，对词集底本有讹夺者，尽可能据他本订补。这是研究宋词的重要参考书。

《说文解字》

中国第一部系统分析字形和考究字源的字典。东汉许慎撰。14卷，叙目一卷。121年问世。共收字9353个，重文（即古籀异体字）1163个，实收10516个。首创540个部首。将所收字加以分类归部。每字均按“六书”的原则分析字义。后人解说很多，以清段玉裁的《说文解字注》等为著。

《闲情偶寄》

杂著，清代李渔作。分词曲部、演习部和居室部等八部分。词曲部论述戏曲结构、音律、语言等问题，提出了“立主脑”“减头绪”“密针线”等主张。演习部主要探讨戏曲演唱技术。居室部介绍堆假山、砌墙壁等技术。其他各部分谈饮食、种花、养生诸问题。

《天工开物》

明末清初的一部科技著作，明末宋应星著。全书分上、中、下三部，共18卷。初刊于1637年。该书全面系统地总结了中国古代农业、手工业生产技术和经验，反映了我国手工业工场的生产面貌。此书被译为日、法、英等几国文字，被称作是中国17世纪的工艺百科全书。

《洗冤集录》

世界最早的一部较完整的法医学专著。南宋宋慈著，全书5卷。1247年成书，颁行全国。作者博采治狱之书以及官府历年所公布的条例和格目，加以订正、补充。吸取民间医药知识与官府刑狱检验经验，将全书分为验尸、四季尸体变化、自缢、溺死、杀伤、服毒以及其他伤死等53项。该书成为办案官吏检验的指南，是世界上第一部系统的法医学专著。

【画十二月月令图】轴 局部［清］画院 中国台北故宫博物院藏

【画十二月月令图】轴 局部 〔清〕画院 中国台北故宫博物院藏 25-3

《梦溪笔谈》

北宋沈括撰，共26卷，此外还有《补笔谈》三卷，《续笔谈》一卷。沈括博学广闻，晚年居住润州（今江苏镇江）著成此书，以其居地梦溪地名作为书的名字。全书共分故事、辩证、乐律、象数、人事、官政、机智、艺文、书画、技艺、器用、神奇、异事、谬误、讥谑、杂志、药议等17目，分类系事，约609条。内容涉及到天文、数学、物理、化学、生物、地理、医学、地质、气象、工程技术、文学、史事、音乐和美术等，记述了我国古代许多科技成就，如毕昇发明的活字印刷等，也包括沈括自己的一些科学创见。

《伤寒杂病论》

东汉末年著名的医学家张仲景吸取了前人的宝贵医学遗产，又广泛搜集整理了民间验方，经过几十年的临床实践，晚年著成医学巨作《伤寒杂病论》，奠定了中医医疗学的基础。

李时珍

《本草纲目》

我国古代药物学的总结性著作，明代李时珍撰，52卷。书成于1578年。该书分水、火、土等16部，每部分若干类，共62类。

全书共收中药1892种，医方11096个。详细地阐述了所记载药物的名称、产地、形态、气味、主治、偏方等，并附插图1160幅。明万历年间传到日本、朝鲜、越南，17到18世纪传到欧洲，先后有德、法、英、俄、拉丁等文的译本或节译本。

官职衙署

司　徒

是中国古代的一个重要官职、主掌邦国教化，始于西周，秦代不置。西汉哀帝时改称丞相为大司徒。东汉时又改称司徒，为“三公之一”。隋唐以后，司徒有时也参预政事，但多为虚职。清代一般称户部尚书为大司徒。

司　空

古代主管建筑工程、制造车服器械的官员。始于西周，秦代不置。西汉成帝时改御史大夫为大司空。东汉初设大司空，随后又去“大”字改称“司空”。汉献帝时废除司空，改设御史大夫。隋唐以后多作为一种表示尊崇的虚衔。元以后罢废，但也习惯上称工部尚书为大司空。

司　马

古代掌管军政和军需的官员。始于西周，秦代不置。西汉武帝时废除太尉，设大司马，掌握宫廷的军政大权，因此“司马”便被后世用作兵部尚书的别称，并称兵部侍郎为少司马。东汉时又复称大司马为太尉，在大将军之下，掌管军队。至宋代，司马都是军府的官员，在将军之下，参预军事谋划。隋唐两朝，在地方各州刺史之下设司马一人。本来是州郡的佐官，后却多用来安置受到排挤而被逐出京都的降职官员，如白居易“左迁九江郡司马”、柳宗元也曾被贬为永州司马。明、清两朝称府同知为司马。

司　寇

古代掌管刑狱、纠察等事的官员。始于西周，春秋、战国时沿用。以后历朝以大司寇为刑部尚书的别称，刑部侍郎则称少司空。

卿

古代对高级长官或爵位的称谓。西周、春秋时对天子、诸侯所属的高级长官都称卿。战国时卿作为爵位的称谓，有上卿、亚卿等。秦、汉两朝在三公以下设有九卿。以后历代相沿。清代往往以三品至五品卿作为官僚的虚衔。

大　夫

古代对一般官职的称谓。始于西周，以后历代相沿，但各个朝代大夫所指的内容却不尽相同，有时也可指中央机关的要职，如秦汉时期的御史大夫、

清 · 三品单眼花翎冬朝冠

谏议大夫等。隋唐以后大夫为高级阶官称号。至清代高级文职阶官仍称大夫，武职则称将军。在此需要指明的是“士大夫”不等同于“大夫”，“士大夫”是指官吏或较有声望、地位的知识分子。

太　史

官名，始于西周。西周、春秋时太史为朝廷大臣，掌管起草文书、策命诸侯卿大夫、记载史事、编写史书，兼管国家典籍、天文历法、祭祀等诸多事项。秦汉设太史令，但职能已经降低，以后历朝历代渐低，至魏晋太史反而主管推算历法，到元代仅剩空名。

相　国

官名，始于春秋。春秋时齐景公始设左、右相，相成为齐国强大的卿大夫的世袭官职。战国时各国先后设相，称为相国、相邦，秦称丞相，为百官之首。秦代以后成为辅佐皇帝的最高官职。唐以后多用于宰相的尊称，清代则专指大学士。

丞　相

官名，始于战国，为百官之长。秦代以后成为辅佐皇帝的最高官职，总理全国政务。西汉初，称为相国，后改丞相。西汉末改为大司徒，东汉末复称丞相。唐废除丞相，以中书令、侍中、尚书令、仆射为宰相。宋代承袭沿用。明初亦设丞相，不久即废。总之，古代丞相常用作宰相的通称，但宰相不一定是丞相。

宰　相

宰是主持，相是辅佐。言外之意，宰相就是辅佐君主总揽政务的长官。秦和西汉以相国或丞相为宰相。东汉时司徒等同于宰相。隋唐以三省长官为宰相。宋代则以同平章政事为宰相的官称。元代则以丞相平章政事为宰相。明朝则废丞相，由皇帝亲揽政务。其后内阁大学士又成为明代事实上的宰相。清代雍正时设立军机处，于是军机大臣又逐渐成为清代事实上的宰相，但仍沿旧称，以授内阁大学士拜相。

御　史

本为史官，秦以后置御史大夫，职位仅次于丞相，主管弹劾、纠察官员过失诸事。

御史大夫

待在君主左右掌管文书档案、担任记录工作的官员。秦汉时御史大夫的地位仅低于丞相，为“三公”之一。其主要职责是监察、执法兼管重要文书图籍。在汉代，当丞相缺位时，多由御史大夫递补晋升。明代洪武年间御史台改为都察院，御史大夫的名称从此废除。

都 尉

武官名，始于战国，职位略低于将军。秦时各郡都置有尉，掌管一郡治安及军事，至汉代更名为都尉。

廷 尉

主管刑事案件的官员，始于秦汉。汉景帝时改称“大理”。汉武帝时又重设置，属“九卿”之一。东汉以后或称廷尉，或称大理。从北齐设大理寺起，到明、清都称大理寺卿。清末设大理院，为最高司法审判机关。

校 尉

武官名，始于汉代，为禁卫军将领。汉武帝时有八校尉，地位仅低于将军。汉代掌管边境少数民族地区的军政长官也叫“校尉”。魏晋及南朝改校尉为刺史。唐以后，校尉成为武职散官的阶品，品阶从六品到九品。清代八品以下武职散官称校尉。此外明代锦衣卫的卫士也称校尉。

太 师

指两种官职：其一，古代称太师、太傅、太保为“三公”，后多为大官加衔，表示恩宠而无实职，如宋代赵普、文彦博等，曾被加太师衔；其二，古代又称太子太师、太子太傅、太子太保为“东宫三师”，都是太子的老师，太师是太子太师的简称，后来也逐渐成为虚衔。再如明代张居正曾有八个虚衔，最后加太子太师衔；清代洪承畴也被加封太子太师衔，其实并未给太子讲过课。

赵 普

尚 书

官名。始置于战国，或称掌书，“尚”是执掌的意思。秦代是少府的属官，掌殿内文书，地位很低。西汉成帝时，设尚书员，群臣奏章都经过尚书，位虽不高但权极大。武帝时设尚书五人，开始分曹治事。东汉时正式成为协助皇帝处理政务的官员，从此三公权力大为削弱。魏、晋以后，尚书事务愈来愈繁杂。隋设置尚书省，分为六部，唐代确定六部为吏、户、礼、兵、刑、工，以左右仆射分管六部，宋代以后，三省分立之制渐成空名，行政全归尚书省。元代仅存中书省之名，而以尚书省各官吏隶属其中。明代初期，尚存此制，后来废去中书省，直接以六部尚书分管政务，六部尚书等于国务大臣。清代相沿，清末改官制合并六部，改尚书为大臣。

六 部

古代中央行政机构中各部的总称，始见于隋、唐。隋代初期，设立吏部、礼部、度支、工部、都官、兵部六部，属于尚书省，后来改度支为民部。唐代改民部为户部，改都官为邢部。此后，历代相承，基本未变。六部的职掌大致是：吏部，掌官吏的任免、铨叙、考绩、升降等；户部，掌土地、户口、赋税、财政等；礼部，掌典礼、科举、学校等；兵部，掌全国军政；刑部，掌刑法、狱讼等；工部，掌工程、营造、屯田、水利等。各部的长官称为尚书，副长官称为侍郎。

翰 林 院

官署名。唐代设置，本为各种文艺技术内廷供奉之处，供职者称为翰林待诏或翰林供奉，非正式职官，与政治亦不甚密切。宋代以翰林院总领天文、书艺、图画、医官四局，以至御厨茶酒也有翰林之称。唐玄宗初以翰林待诏起草，批答文书，以翰林供奉与集贤学士分掌制书诏敕。开元二十六年改为翰林学士，供职之所为学士院，专掌由皇帝直接发布的密令，号称“内相”。宋代称为翰林学士院。辽代在南面官中设置翰林院。元代称翰林兼国史院。明代将修史、著作、图书等事务并归翰林院，正式成为外朝官署。清代沿用明制，设置翰林院，主管编修国史、记载皇帝言行的起居注，讲经史，以及草拟有关典礼的文件。其长官为掌院学士，以大臣充任，属官如侍读学士、侍讲学士、侍读、侍讲、修撰、编修、检讨和庶吉士等，统称为翰林。

中书舍人

官名。历代中书省内均置有不同名称之“舍人”，如东晋至宋、齐置“中书通事舍人”，至梁、陈去“通事”二字，直称“中书舍人”。隋及唐初置“内史舍人”，隋炀帝时置“内书舍人”，唐武则天时置“凤阁舍人”等，简称“舍人”。此官西晋始置，原为中书省主管文书之官，职位低于“中书侍郎”。南朝时“中书舍人”实权日重，由起草诏令、参预机密发展到专断政务，往往成为事实上之“宰相”。隋代始专掌诏令。唐代掌诏令、侍从、宣旨、慰劳等事。宋代主管中书六房（吏、户、礼、兵、刑、工），承办各项文书，起草有关诏令。历代“舍人”员额为四至六人，因地位较高，官至“中书舍人”者，多不再典司撰拟，往往即由此官渐升宰相。明清时代增至二十人，置于内阁中书科，掌缮写文书。另设“内阁中书”兼掌撰拟、记载、翻译等事务，员额多达一二百人。明清之“舍人”实际上已不重要，远非唐、宋时代之“中书舍人”可比。

太 保

官名，殷周时代，为国王辅弼重臣，“三公”之一。史载：殷代时期，殷王太甲以伊尹为“太保”；西周，周成王以召公奭为“太保”。此官历代沿置，位在太傅之次。汉代以后，往往仅用为大臣的加衔。又，东宫职官，有“太子太保”，为辅弼太子之官。

伊 尹

太 宰

官名。太通大，又称大宰，为《周礼》六官中“天官”之长，称为“太宰”。汉代属“太常”，有令、丞。晋代因避司马师名讳改“太师”为“太宰”。明、清时代往往用以尊称“吏部尚书”。

太 医

官名。供奉宫廷之医官，称“太医”或“御医”。秦汉时期，有“太医令”，隶属少府，主医药。魏晋沿之。梁又称“侍御师”。北魏置“太医博士”，而于门下省别置“侍御师”，为尚衣局属官。隋设“太医署”，置“令”，唐因之，掌领医、针、按摩、咒禁，各有“博士”。宋改太医署为太医局。金、元改为“太医院”。明、清沿设。

太　常

官名。即“奉常”，秦汉时为“九卿”之一。王莽时，改“太常”为“秩宗”。东汉时期，“太常”除掌管礼仪、祭祀外，还掌握“选试博士”，“奏其能否”。后代虽沿置，但仅管朝廷之礼乐、祭祀诸事。北魏称其长官为“太常卿”，北齐称“太常寺卿”，北周据《周礼》改称“大宗伯”，隋代至清末，均称官署为“太常寺”，其长官为“太常寺卿”。明、清两代均列为“小九卿”之一。汉代亦称“太常”为“大常”。

太　尉

官名。汉承秦制，置此官。战国时称“国尉”，是全国最高军事长官。汉武帝时，与“丞相”“御史大夫”并称“三公”。汉武帝时改称“大司马”。东汉时，与“司徒”“司空”并称“三公”。后历代多沿置，但逐渐为权臣之加衔，无实际职掌。至宋代徽宗时，定为武官最高阶之称号，其本身并不表示任何职务。一般为武官之尊号。元代以后废。

太　傅

官名。周代，为国王辅弼重臣，“三公”之一。西汉时，吕后元年初置，后废除此官。哀帝元寿二年又置，以孔光任之。东汉亦设此官。其后每当帝即位之初，即设“太傅，录尚书事”，魏晋以后，此官为大臣加衔，有时则属于一种恩典。又，东宫职官，有“太子太傅”，为太子之辅导官。

太　守

官名。春秋时代初置此官，为武职，以防守边郡，后渐为地方长官。秦以郡为地方最高行政区划，每郡置“守”主之，称“郡守”。汉景帝时，改“郡守”为“太守”，是一郡的行政长官。历代沿置不改。南北朝时设州渐多，郡所辖区域日益缩小，而州郡区别无多，至隋初存州废郡，由州“刺史”代行“郡守”之任。唯隋炀帝及唐玄宗时，均曾改州为郡，郡置“太守”已非正式官名，习惯上仅用作“刺史”或“知府”的别称，明清时代则专以尊称“知府”。又汉代尊称“太守”为“明府”。

县　令

官名。秦、汉时代，万户以上的县，其长官称“县令”。至唐代，县的长官，均称“县令”。

县　尉

官名。始于秦，两汉沿置，大县二人，小县一人，秩四百石至二百石，佐县令掌一县之治安。历代所置略同。唐代“县尉”多为进士出身者初仕之官，京畿“县尉”职位尤重。宋代以后渐轻。至元代，“县尉”还兼务“典史”（狱官），至明代则废，“县尉”其职权归“典史”掌管。故后世俗称“县尉”为“典史”。

主 簿

官名。战国时，秦国“郡守”之佐官，掌文书及处理日常事务。汉代中央及郡县官署均置此官，以典领文书，办理事务。魏晋以后，渐为统兵开府大臣幕府中的重要僚属，参与机要，总理府事。唐宋以后，各官署及州县虽仍存此名，但职权渐轻。明清各卿寺亦有置“主簿”，或称“典簿”。外官则置于“知县”以下，与“县丞”同为县的佐官，但亦往往省去或以他官兼领（如以“典史”领之）。

少 师

官名。周代，为“三孤”之一，位次于“太师”，乃辅弼君主重臣。春秋时，楚国置此官，为辅导太子之官，称太子少师。北周以后，历代多沿置，与“少傅”、“少保”合称“三少”或“三孤”，一般为大官之加衔，并无实职。春秋时，齐国置此官，为辅导太子的官，有实际职务。西汉时代称为“太子少傅”。

少　保

官名。周代，君主之辅弼重臣。有“太师”“太傅”、“太保”，合称“三公”。其辅佐官为“少师”“少傅”“少保”，合称“三少”或“三孤”。“三孤”之官位仅次于“三公”。后世，历代多置之。北周以后，往往用作加官。其辅导太子者称“太子少保”。

户　部

官署名。三国以后，常置度支尚书，掌财政。隋始以度支尚书为民部尚书。唐改户部，为六部之一，掌管全国土地、户籍、赋税、财政收支等事务，长官为户部尚书，历代相沿不改。清末将民政部分划出，添设民政部，财政部分改设度支部，户部遂废。

刑　部

官署名。汉代置二千石掌刑狱，三公掌决案。魏晋以后有都官、比部各曹。隋初设都官尚书，统都官、刑部、比部、司门各司，后改都官尚书为刑部尚书，刑部遂为六部之一，掌管国家的法律、刑狱事务，长官为刑部尚书，历代相沿不改。唯唐天宝中一度改称宪部，旋复旧称，清末改为法部。

工　部

官署名。西晋以后，置田曹掌屯田，又有起部掌工程，水部掌航政及水利。隋唐因此用工部旧名总设工部，为六部之一，掌管各项工程、工匠、屯田、水利、交通等政事，长官为工部尚书，历代相沿不改。清末改为农工商部。

礼　部

官署名。北周始设。隋唐为六部之一，包括魏晋以来客曹及祠部等机构之职掌，分礼部司、祠部司、膳部司四曹，掌礼仪、祭享、贡举等职，长官为礼部尚书，历代相沿不改。清末改设典礼院。

兵　部

官署名。三国魏时置五兵（中兵、外兵、骑兵、别兵、都兵）尚书，晋又设驾部、车部、库部等司。隋唐以后综合设立兵部，为六部之一，掌管全国武官选用和兵籍、军械、军令之政，长官为兵部尚书，历代相沿不改。唐天宝中一度改称武部，旋复旧称。清末改为陆军部，后又添设海军部。

执戟骑士俑

博　士

①官名。源于战国，秦及汉初，博士所掌为古今史事待问及书籍典守。至汉武帝时，用公孙弘议，设五经博士，置弟子员，自后博士专掌经学传授，与文帝、景帝时的博士制度有异。唐置国子、四门等博士，明清亦有国子博士。②中国古代专精一艺的职官名。西晋始置律学博士，北魏始置医学博士，隋唐又增算学博士、书学博士等，至宋代废止。

员外郎

官名。原指正额以外之郎官。晋代以后称之“员外郎”，系指皇帝近侍官之一的“员外散骑侍郎”。隋代开皇时期，于尚书省各司置“员外郎”一人，为各司之副长官。唐、宋时代沿置，与“郎中”通称“郎官”，皆为中央官吏中之要职。明、清时代，此官列为正额，各部门沿唐制，以“郎中”“员外郎”“主事”为司官的三级，得以递升。“员外郎”，简称“外郎”或“员外”，通称“副郎”。清代其他官署，如理藩院、太仆寺、内务府，亦置“员外郎”之官。

著作郎

官名。三国时代，魏始置此官，隶属中书省，掌编修国史。晋代，改属秘书省，号称“大著作”。

南朝时为贵族子弟初仕之官。宋、齐以后多以他官兼领。至隋、唐时代，“著作郎”曾一度改称“司文郎中”，主管“著作局”，仍属秘书省，其下置“著作佐郎”，以为辅佐。时已别设史馆，著作郎仅掌撰碑志、祝文、祭文之事。宋、元时代亦沿置此官，宋代以“著作郎”汇编“日历”（每日记录时事），更因另设国史馆掌国史编纂，故“著作郎”变为荣誉职。至明代废。

校书郎

官名。两汉时代，于兰台以郎官掌“校书”之职，但未定为正官。三国时，曹魏始置“校书郎”为正官，第八品，掌校勘书籍、订正漏误，称“秘书校书郎”，属秘书省。北魏至元代沿置。又唐代尚以“校书郎”为文士出身者之美称，由此进身，往往得居显要。明代废。

翰林学士

官名。唐玄宗时始以文学侍从官选充，专掌内命（由皇帝直接发出的机密文件，如任免宰相、宣布征伐等），因参与机要，被称为“内相”。首席学士称“承旨”。北宋始设专职。明代为翰林院长官，主掌文翰，并备天子顾问。清初废“翰林学士”，但以大臣充翰林院掌院学士，其下设翰林院侍读学士、侍讲学士等高官，与唐、宋之翰林学士职掌不同。清末复置翰林学士，位在侍读学士之上。

功　曹

①官名。秦汉时代，为三公之一的太尉（大司马）属官，主管功绩考课。又，汉代郡守以下有“功曹史”，简称“功曹”，为郡守的总务官，除掌人事外，得参与一郡之政务。县亦有“功曹”。历代沿置，隋、唐改为“司功”，职权已不及汉代为重。至南北朝时代，北齐改“功曹”为“功曹参军”，隶属于府、州等地方政府。②官署名。宋代为开封府及州、府、军、监下属机构，主官称功曹参军。

国子监祭酒

官名。西晋置“国子祭酒”，隋唐称“国子监祭酒”，是国子监（又称为均监，为隋之四监之一，唐之五监之一）的主官。后历代沿此制。至清末，废国子监改设学部，主官“国子监祭酒”改称“学部尚书”。

清国子监牌楼

三　师

北魏以“太师”“太傅”“太保”为“三师”，位为“上公”，后世沿用。品级虽尊，但无实职，是荣誉性加衔。元代改称“三公”。明代沿用。清代无“三师”之称。

三　公

历代均为共同执掌军政大权的最高官位，但各代的“三公”不一。周代有两说：一说以“司徒”“司马”“司空”为“三公”；一说以“太师”“太傅”“太保”为“三公”。秦汉代，以“太尉”“司徒”“司空”为“三公”，又称“三司”。唐、宋以后为虚衔。明代虽以“太师”“太傅”“太保”为“三公”，但除张居正为“太师”时有实权外，一般均为对大官所赠之荣典。

太子洗马

官名。“洗马”即在马前驰驱之意，为太子之侍从官。南朝梁以“洗马”隶属于“典经局”。隋、唐于“司经局”置“洗马”，变为掌管书籍之官，直至清代均沿设。清代“司经局”之“洗马”，用满、汉各一人，秩从五品。

太子宾客

官名。晋惠帝时为太子选拔五名宾友，当时称之为“东宫宾客”。嗣后，至唐代始官制化，称“太子宾客”。后世历朝均仿此制，并多以他官兼领，至明末废。“太子宾客”略称“宾客”。

谏议大夫

官名。奏谏侍从之官称“谏议大夫”，略称“谏议”。秦代始置“谏大夫”。西汉于郎中令（光禄勋）之下设“谏大夫”，秩比八百石，无一定员额。东汉改为“谏议大夫”，称六百石，无定员。北魏亦称“谏议大夫”。北齐隶属中书省，隋属门下省。至唐代，分设“左、右谏议大夫”于门下省与中书省，掌侍人规谏。宋代始设“谏院”，以“左、右谏议大夫”为长官。以后，辽、金、元历朝均仿宋制。明初亦曾置“谏议大夫”，但不久即废去不置。

九门提督

清代，“步军统领”掌京师九门警卫，故亦别称“九门提督”。掌管京师正阳、崇阳、宣武、安定、德胜、东直、西直、朝阳、阜成九门内外之守卫巡警等事，以满族亲信大臣兼任，所辖部队有八旗步军营和绿营的京师巡捕五营。辛亥革命后仍沿置，一九二四年其职权归并于京师警察厅。

道　台

“道员”的尊称。明初，布政司与按察司辖区广大，乃由布政司佐官“左、右参政”“参议”分理各道钱谷，称为“分守道”；按察司佐官“副使”“佥事”分理各道刑名，称为“分巡道”，此即“道员”称谓之始。清代，乾隆时裁“参政”“参议”“副使”“佥事”等，专置“分守道”“分巡道”，多兼兵备衔，以管辖府、州，遂成为省以下府州以上之行政长官。并同时置有“督粮”“盐法”等道。清末又于各省置“巡警”“劝业”二道，均各司其事。通称“道员”。

公　车

官署名。汉代，卫尉的属下置“公车令”，掌宫殿司马门的警卫工作。“公车”为“公车令”办公的官署。另，汉时以公家车马接送应举者，后世即以“公车”代称入京应试举人。

光禄寺

官署名。秦置“郎中令”，西汉武帝时改名“光禄勋”，为宫廷宿卫及侍从诸官之长，光禄大夫、太中大夫、中大夫、谏大夫、谒者、郎中、侍郎等官，皆为所属。魏晋仅存其名。至南北朝时代，北齐始设“光禄寺”官署，长官称“光禄寺卿”。南朝梁则称“光禄卿”，掌皇室膳食等事，领有“大（太）官”、肴藏“等署。

后世各朝均沿此制，唐、宋大体相同。辽代改“光禄寺”为“崇禄寺”。金代隶属“宣徽院”。元沿金制。明、清两代复称“光禄寺”，职掌一如唐制，以“光禄寺卿”及“少卿”为正副长官。但清代将宫廷膳食之任移至内务府主管，光禄寺只管祭祀之需。

侍 郎

官名。秦汉时代，在郎中令的属官中有“议郎”“中郎”“侍郎”“郎中”等郎官。这些郎官均可携带武器，担当禁中之警备和当直任务，并且除警卫禁中各门之外，外出时加入警备部队中执行勤务。又，汉代在少府置“尚书郎”之官。此官在宫中服务一年即升为“尚书郎中”、三年升为“侍郎”，五年即出任大县的县官。至魏晋南北朝时代，除单设郎官外，还有“中书侍郎”“黄门侍郎”等官。隋代，内史省（中书省）的“内史侍郎”和门下省的“黄门侍郎”均为其所在省的副长官，同时尚书省各部的副长官亦称“侍郎”。唐代仿隋制，五代、宋代亦沿用。其后，随着三省侍郎制的废置，只在六部设“侍郎”职，是谓各部的副长官，秩正二品，有左、右二侍郎，与各部之“尚书”均为本部之“堂官”。至清代新设副大臣职后，“侍郎”官称始废。

亭 长

官名。别称亭父。战国时代，始在边境设亭，置“亭长”，以防御边地。西汉时在乡村每十里设一亭，置“亭长”，掌治安警卫，兼管停留游客，治理民事，以服兵役满期之人充任，高祖刘邦曾任泗水“亭长”。此外，设于城内和城厢的称“都亭”，设于城门的称“门亭”，亦皆置“亭长”，职掌与村“亭长”同。东汉后渐废。

汉高祖刘邦

三 省

“中书省”“门下省”“尚书省”的合称。三省制正式形成于南北朝时代，为中央中枢机构。隋设：“尚书省”“门下省”“内史省”台省及“秘书省”“内侍省”诸省。唐初设：“尚书省”“门下省”“中书省”台省，诸省有“秘书省”“殿中省”“内侍省”。其中以尚书、门下、中书三省最为重要。隋文帝时，决定“内史省”（即中书省）取旨，“门下省”审核，“尚书省”执行，三省配合，彼此制约，以掌国故。唐沿隋制，以“中书省”掌定策，“门下省”掌封驳，“尚书省”掌执行政令，以加强封建皇权的统治力量。

钦差大臣

官名。明制：凡由皇帝亲自派遣，出外办理重大事件的官员称为钦差。清代也沿此习惯。其由特命并颁授关防的，称为钦差大臣，权力更大，一般简称“钦使”，统兵者则称“钦帅”。驻外使节亦称钦差出使某国大臣。

刺　史

官史。秦代置“监察御史”，掌监察各郡。西汉时废此制，改由丞相遣使分刺各州，共十三名，但不常置。武帝元封五年（前 106），初置“部刺史”，“掌奉诏条察州”，即“刺史”根据六条规定监察各州，称“六条问事”。成帝绥和元年（前 8），更“刺史”名为“牧”，通称“州牧”。至哀帝建平二年（前 5），又改称刺史，将各地划为十二州，每州置“刺史”一人。各州常以八月巡行所辖各部，录囚徒，考政绩。岁末诣京都奏事，后改派上计吏赴京上事。灵帝时，各地农民暴发起义，朝廷为加强镇压，于中平五年（189），改“刺史”为“牧”，往往派大臣如九卿等出领“州牧”，其权势很大，地位较“郡守”为高，掌握一州之军政大权。自三国至南北朝，各州亦多置“刺史”，一般以“都督”兼任。隋以后，“刺史”为一州之行政长官。中间唯隋炀帝及唐玄宗时期曾两度改州为郡，改“刺史”为“太守”，不久均复旧。唐代之“节度使”“观察使”兼领驻在地之州“刺史”，所辖境内之州“刺史”均为其属官，“刺史”之职位渐轻。宋代，以朝臣充“知州”，称“权知军州事”，但原名不多用。清代以“刺史”为“知州”的别称，与前代之“刺史”有所不同。

门下侍郎

官名。秦汉时代，称“黄门侍郎”，为皇帝近侍之官。唐代，天宝元年（742），改称“下侍郎”，为“门下省”长官“门下侍中”之副职。唐、宋时代，多以“门下侍郎”或“中书侍郎”加“同平章事”衔为宰相之称。元代以后不设。

黄门侍郎

官名。“黄门”本指宫门和官署（衙门）。秦汉时代，凡郎官给事于“黄闼”（宫门）之内者称“黄门郎”或“黄门侍郎”。东汉始设为专官，称“给事黄门侍郎”，秩六百石，掌侍从皇帝，传达诏命。三国时代，魏、蜀皆置，虽称黄门郎，掌同前代。至晋代以后，“给事黄门侍郎”因掌机密文书，备皇帝顾问，职位日渐重要，遂与“侍中”同为门下省主要官员。隋代，初沿北齐之制称“给事黄门

东汉 · 白玉辟邪

侍郎”。炀帝时直呼“黄门侍郎”，省去“给事”二字。唐代“黄门侍郎”为门下省副长官，高宗曾改称“东台侍郎”，武后又改称“鸾台侍郎”，中宗复为“黄门侍郎”，天宝元年（742）以后改为“门下侍郎”。宋沿置。元以后废。

科举教育

科　举

也称“开科取士”，就是由国家来设立许多科目，通过定期的统一考试，选拔人才，授予官职。这个制度始创于隋，确立于唐，完备于宋，延续至元、明、清。隋文帝为废除世族垄断的九品中正制，开始用分科考试的办法来选拔官员；炀帝时置进士科，允许普通人应考。唐代于进士科外又置秀才、明经、明算诸科，为常科；而由皇帝特诏举行的考试为制科；武则天时又增置武举，诸科中以进士科最为重要。至宋代，确立了殿试制度，使科举三级考试制度得以完备。宋以后，只有进士一科。科举制度，在我国历史上经历了 1300 多年，对促进社会的进步有着重要的作用及深远的影响，但也有不少消极作用，这在清代后期尤为明显。

孝　廉

在汉代，选拔人才主要有两种方式：即察举和征辟。所谓的“察举”就是由丞相、列侯、刺史、守相等侯国和州、郡地方长官在各自辖区内，定期或临时选拔人才，推荐给朝廷。始于武帝时，且察举的名目很多，如“贤良方正”“能言极谏”“秀才”等，“孝廉”便属于这一类。顾名思议，“孝廉”就是因为孝敬父母，办事廉洁而被举荐的。这种通过举荐的方式担任朝廷或地方官员的制度，扩大了封建统治的基础，为汉代重要的出仕途径之一。

九品中正

魏晋南北朝时的官僚选拔制度。所谓“九品”，是将察举的对象分为九等，即上上、上中、上下；中上、中中、中下；下上、下中、下下九个品级，以衡量人才的优劣。所谓“中正”，是官职名称。先是由地方，后来变成由中央选派有声望的人担任各州郡的中正，负责对士人品级的评定，然后政府按评定的品级录用，所以“九品中正制”又被称为“九品官人法”。两晋以后，中正官评量人物的标准变为以门第，出身为先，而不以才能为重。至此，形成了“上品无寒门，下品无士族”的局面。“九品中正制”成为世族豪门操纵政权的工具。

县　试

明清两代科举制度中最低一级的考试。由各县县官主持。清代试期多在二月。凡欲应试的童生须向所在县署礼房填报姓名、籍贯、年龄、三代履历。一般考五场，每场一日，限即日交卷。初场为正场，试四书文两篇，试帖诗一首，取录从宽，取者即准许参加府试，以下各场考否听凭自便。取前列者提考于县大堂，由县官面试。二至五场分别试四书文、经论，试帖诗、律诗等，前三场每场毕均发榜称圆案，末场发榜称长案。考毕第一名称县案首。试毕，县署造具名册，送县学，并申送府或直隶州、厅参加府试。

府　试

明清两代由知府（或直隶州知府、直隶厅同知）主持的科举考试。清代多于四月举行，凡本府通过县试的童生皆可应试。其报名手续与考试内容、方法、放榜等略同于县试。首场为正场，试以一文一诗。文字粗通即可录取，许应院试，下几场考否听便。考毕，第一名称府案首。录取者由府（或直隶州、厅）造册，申送学政，参加院试。

院　试

亦称“道考”“道试”。明清两代由各省提学道（学政）主持的省内科举考试。因学政又称提督学院，因而得名。多在府城或直隶州治所举行。三年两考，包括岁试和科试。考试规则严于府县试，为童生试中关键性考试。录取者即成生员，俗称秀才。考毕，第一名称院案首。

岁　考

明代提学官、清代学政巡回所属举行的考试。凡是府、州、县的生员、增生、廪生都必须参加岁考，意在考核检查童生等的学业。清代初期定为六等黜陟法：一、二等与三等前边的有赏，四等以下有罚，或者黜革。道光以后稍微放宽，仅列一、二、三等，列四等的很少。清代考试生员，三年一次，称为岁试。

科　考

明、清时代每届乡试之前，各省学政巡回所属举行的考试。《明史·选举志》：提学官在岁考之后，“继取一二等为科举生员，俾应乡试，谓之科考。”意在选送优等的生员参加本省的考试。

清代科举考场

乡　试

明清两代每三年在各省省城（包括京城）举行的一次考试，因在秋天八月举行，故又称“秋闱”“秋试”。主考官由皇帝委派。考后发布正、副榜，正榜所取的叫举人（孝廉），第一名叫解元，第二至第十名称亚元。应考者只有通过乡试，取得举人资格，方可参加会试。举人可以授官，任知县、教职（府、州、县学官）。

会 试

明清时代三年一次，在京师举行的全国性科举考试。凡举人及国子监监生都可以应考。逢辰、戌、丑、未年为正科，若乡试有恩科，则次年亦举行会试，称会试恩科。由皇帝特派总裁为主考官，会试合格的举人称贡士，第一名称“会元”。还要经复试、殿试合格后才称进士。唐代早期的进士试由吏部考功员外郎主持，开元二十四年改由礼部侍郎主持，以后历代相沿不改，科举考试成为礼部专职。所以，会试也称“礼闱”“礼部试”。又因在春天举行，所以又称“春闱”、“春试。”

殿 试

科举中最高一级的考试。由皇帝亲自在殿廷主持进行，也称“廷试”。该形式始于武则天时，由天子亲自对在会试中录取的贡士进行策问。试后将合格的贡士分为五甲（五个等级）始于宋太平兴国八年，分为三甲及一甲只限于三人，始于元顺帝时，明清沿用。明清时都在会试后一个月举行殿试，中试者一甲三名赐进士及第，第一名通称状元，第二、三名通称榜眼及探花。二甲均赐进士出身，第一名称传胪；三甲均赐同进士出身。

【画十二月月令图】轴 局部 ［清］画院 中国台北故宫博物院藏 25－4

【画十二月月令图】轴 局部 〔清〕 画院 中国台北故宫博物院藏 25-4

朝　考

始于雍正朝，为进士经过殿试取得出身后的再一次殿廷的考试。在保和殿举行，由特派大臣阅卷。按朝考的成绩，结合复试、殿试的成绩，由皇帝分别决定应授以何种官职。最优者用为翰林院庶吉士，其余分别用为主事、中书、知县等职。

及　第

科举考中之称。列榜有甲乙次第，故有此称。明清时只殿试一甲一、二、三名，赐进士及第，其余称进士或同进士出身，不称及第。

举　人

明代前举人通称被荐举或应举的人。汉代地方长官向中央推荐人才，被推荐的人可称为举人。唐、宋时期，由地方选拔出来参加进士试的人可称“进士举人”。明代开始，举人成为一种出身。明、清时代，一旦乡试中举，就取得举人出身资格，可以一直参加京师会试，争取取得进士资格；另外举人作为出身，还可以通过其他途径取得官职。

解　元

元：第一的意思。封建时代称地方科举考试第一名。

唐、宋时，参加全国性科举考试（礼部试）的人必须经过地方考试选送，这种考试称“解试”。解试第一名就称解元。由地方送应试人到礼部称“发解”。元、明、清时代就称乡试第一名为解元。后来逐渐演变成对读书人的尊称或通称。

状　元

科举考试中得进士第一名的称呼。状元之名约起于唐代，当时也称“状头”。唐代早期，科举考试由吏部考功司郎中或员外郎担任，称省试；开元以后由礼部侍郎主持，称礼部试；省试和礼部试进士的第一名都可称状元。宋代早期，则称进士第一名为“榜首”，开宝八年，定礼部复试进士的制度，廷试进士第一名为状元。北宋状元还可以用来称一甲前三名。金天德二年，始称殿试第一名为状元。明洪武四年，始以殿试一甲第一名为状元，也称“殿元”。

榜　眼

称进士殿试一甲第二名。北宋进士第二、第三名都称榜眼。因填榜时，状元名字居中上，第二、第三名居状元下方的左右，如人的两眼，所以称榜眼。南宋后期，专称进士一甲第二名为榜眼。明、清时代沿用这个称呼。

探　花

称进士殿试一甲第三名。唐代新进士及第，于杏园初会，称“探花宴”，以年少俊秀者两人为探花使，世称“探花郎”。南宋后期专称进士一甲第三名为探花。明、清时代沿用这个称呼。

进　士

对科举考试中通过进士科考试的人的称呼。唐代报考进士科，通过礼部考试就可以称为进士；明、清时代，通过礼部主持的会试后，必须再通过殿试，方能称为进士。进士的出身分为三个等级：进士及第、进士出身及同进士出身。有了这个出身，就可以直接做官或候补做官。

廪　生

亦称“廪膳生”，为“廪膳生员”的简称。明、清时代县学或府学中，由政府给予伙食补助的生员，因地方政府用于办学的经费有限，所以廪生的名额也有限。明初给生员月廪六斗。廪生的资格亦不固定。清代岁考或科考考一等的生员，如廪生有空的名额，就可以补为廪生；岁考、科考考得差的廪生就会被取消廪生资格。廪生的职责是为本地报考县试、府试、院试的童生作保人，童生在考试中有违规行为，廪生有连带责任。

监　生

明、清时代在国子监肄业者。初由学政考取，或由皇帝特许。乾隆以前，并加以严格的考课。监生有举监、贡监、恩监、荫监、优监等名目。后则仅存虚名，不被重视。至一般所称监生，指由捐纳而取得的。如未入府、州、县学而欲应乡试，或未得科名而欲入仕的，都必先捐监生作为出身，故而监生并不一定在国子监读书。

童　生

科举时代，没有进学（未考取秀才）的读书人，无论年纪大小，都被称为童生、童子或儒童。

生　员

明、清时代对府学、县学等官立学校学生的称呼。有廪生、附生、增生等区别。俗称秀才，通过院试（童试）的可称为生员或秀才。生员除按时接受学校的考试外，还要接受学政的岁考和科考。清朝初期，学校纪律较严格，生员按国子监例，必须在学校肄业，在学年限以下一期新生入学为止。

国　学

西周设于王城及诸侯国都的大学，是大贵族子弟读书的场所。国学根据学生入学的年龄和程度的高下，分为大学和小学两级。小学是识字教育，以书、教为主；大学以礼、乐、射、御为主。

乡　学

古代的地方学校。源于西周，塾、庠、序均为周代乡学之称。从汉代起，普遍设立乡学。汉平帝时，明确规定郡、国设学，县、邑设校，乡、聚（村）设庠、序。校、学置经师一人，庠、序置《孝经》师一人。到唐代，对学校的教师、学生名额及招生对象、学习内容等，都有了明文规定。

太　学

古代设于京城的最高学府。汉武帝元朔五年（前124）立五经博士，有弟子五十人，为立太学之始，学生称博士弟子员，教师称博士官，是用征拜或推举的办法，选择学术上的名流担任。东汉重视儒学，多次修造太学，太学得到很大发展，学生最多时达三万余人。唐、宋于国子学外，又设太学，隶属于国子监管理。明、清时代以国子监为国学，不设太学，但习惯上称国子监为“太学”。

国 子 监

封建社会最高教学管理机构及最高学府。国子，指高官子弟和皇家的一些关系较远的亲戚，国子监本来是为这些人开设的国立高等学府。在汉代及汉之前统称“太学”。晋武帝咸宁四年（278）始称“国子学”。北齐称“国子寺”。隋代称国子监的范围已大大扩大，不再限于“国子”。清代光绪三十一年（1905）废止国子监，设学部。

教 授

原为传授学业的意思。古代学官名。宋太宗至道元年（995）于诸王宫置教授，为“教授”之始。宋庆历四年（1044）始以教授作为州学长官，其职责是以经术行义教导学生，并督促考试，纠正不合校规的现象等。明、清时代府学都设有教授，为地方最高学官。宋、元时期，民间也尊称塾师为教授。

主 考 官

科举考试时负责阅卷并最终决定考生名次的官员。明、清会试主考称“总裁”。明代也称“主文”，有正副的分别，在内阁大学士中选派。清初用内阁大员四人，有时多至六七人，咸丰后改为一正二副。乡试主考官，明代没有官品的限制，有时还会聘用儒士担任。清代则根据省的大小，分别用侍郎、内阁学士、翰林院编修、检讨等。

同　年

古代科举制度同榜录取人的互称。唐代开始有同年的称呼，当时只用于称同时考中进士的人。明、清时代，同时乡试中举或会试考中后经殿试成为进士的人，都可互称同年。

门　生

科举考试及第者对主考官的自称。唐代，及第进士称主考官为座主，自称门生，座主以能选中有才干的门生为荣，门生不论日后身居高位，都对座主敬如师长。

学　究

唐代开始设立的科举科目名。为明经科的一种，全称“学究一经”。究，是研究、推求的意思。应这一科的读书人终身只选一本经书研读，考试时，也只是背诵经文，所以学究在唐代就受到冷落。宋代王安石改革科学，学究随明经一同被取消。后世则称咬文

嚼字、拘泥不仕的读书人为村学究、老学究，含有讥讽的意思。

童子科

汉时地方长官向中央推荐少年人才的科目。童子的年龄规定在12岁到16岁之间。识字多、字写得好的优秀者，就有可能做大官。唐、宋以来一直保留有推荐童子的科目。如宋代，凡能排战阵、诵读兵书，善于骑马射箭，能诵读《切韵》、分辨四声，诵六经及《论语》《孟子》、会画八卦等，都可以得到推荐，通过考试而取得出身或做官。唐代还一度将童子科列为科举考试科目，每年令地方官员推荐送礼部考试。

进士科

隋以后各封建王朝选拔官员的科目之一，为科举时代最重要的考试科目。始于隋炀帝，至于唐时尤被重视，唐代宰相、翰林等重要的官职人选往往从进士出身中选中。宋以后其他科目只存空名，无足重轻，进士科遂成为科举制度中的唯一科目。进士科的考试内容，唐初只考策，后来加试贴经和诗赋。宋代王安石改革科举，进士不考诗赋，改为考经义。明清时代考试内容大体上相同。通过进士科考试的应举人就是进士。

闻 喜 宴

新科进士要在长安曲江池举行庆祝宴会，因宴地在曲江琼林苑，又称“曲江宴”“琼林宴”。宋代称“闻喜宴”，明、清时由礼部赐宴，故称“恩荣宴”。

文体流派

赋

文体名。名称始于战国时赵国荀卿的《赋篇》。汉代形成特定的体制，讲究文采、韵节，兼具诗歌与散文的特征。常用主客问答的方式展开情节 ，句式大多是四言、六言。六朝时称俳赋或骈赋，篇幅较多，讲究语句的工整、对仗，音节的轻重协调和辞藻的华丽。唐宋时，由于科举考试所采用的赋为律赋，特别强调对仗工整，讲究平仄。中唐以后，由于古文运动的倡导，所作赋称文赋，用韵自由，句式以四言、六言为主，谋篇造句吸收古文章法、气势、趋向散文化。

骚　体

也称“楚辞体”，古代韵文中的一种体裁。因屈原的《离骚》代表了楚辞的最高成就，故称“骚体”。它突破了《诗经》四言为主的定格，倾向于散文，形式自由，内容富于浪漫气息和抒情成分；篇幅、字句较长，多用“兮”等字以助语气。

乐　府

诗体名。汉武帝时开始设立乐府（专管音乐的官署），并有“乐府令”官，其职责是制定乐谱，训练乐工，采集民间诗歌或乐曲。后来把乐府官署所采集和创作的诗歌统称为“乐府诗”，简称为“乐府”，“乐府”亦由官署名而变为诗体名。汉乐府诗的句式多为杂言，并出现完整的五言诗，叙事成分增加；把音乐的段乐称为“解”；正曲之外还有“艳”“趋”“乱”等部分；题目多冠以“歌”“行”“曲”“吟”等。魏晋至唐代可以入乐的诗歌和后代文人仿效乐府古题、或学习乐府精神而写的“即事名篇”的诗也称为乐府。宋元以后的词、散曲，因配合音乐，有时也称乐府，但与乐府诗体的原义相去就远了。

新乐府

由唐代白居易提出并积极创作而确立的乐府诗。因其用新题材反映时事，不依谱，不入乐，内容多反映民间疾苦，体制上与古乐府不同，故称。新乐府继承汉乐府“感于哀乐，缘事而发”的现实主义传统，以及杜甫以乐府时事，即事名篇，无复依傍的创作手段，以“补察时政，泄导人情”为使命，不少作品堪称优秀，真实地反映了社会现实，笔锋锐利，形象鲜明，通俗明白，在文学史上具有重要影响。

古体诗

诗体名。亦称“古诗”“古风”，与“近体诗”相对。产生较早，每篇句数不拘，有四方、五言、六言、七言、杂言诸体。后世使用五、七言者较多。不求对仗、平仄，用韵也比较自由。

近体诗

诗体名。与“古体诗”相对，亦称“今体诗”，是唐代正式形成的一种诗体，包括律诗、绝句和排律。它形式整齐，音调和谐，有严格的格律要求。篇有定句，句有定字，有固定的调声谱。一句之中要求音调和美，平仄相间。一篇之中，要求句调互相配合，成多一个合谐的整体。一般是隔句押韵，也有逐句就押韵的。在对偶上，绝句的格律没有律诗那样严格。

律诗

诗体名。因格律严密而得名，为近体诗的主要形式之一。起源于南北朝，成型于唐初。每首八句，二句称一联，共四联。每句五字的，称五言律诗；每句七字的，称七言律诗。用固定的平仄格式，第三句与第四句，第五句与第六句必须对仗，二、四、六、八句押韵。全诗通常押平声韵，也偶有押仄声韵，必须一韵到底。全诗十句以上的称为“排律”或“长律”，其多者几十句，乃至一二百句以上。

绝　句

诗体名。又称“律绝”“绝诗”“截句”“段句”。全篇四句，每句五字的称五绝，每句七字的称七绝，是近体诗中体制最小的一种诗体。起源于汉及魏晋南北朝时的歌谣，成熟于唐代。绝、截、断，均含有短截之义，故有截取律诗一半而成的说法。全诗四句不一定要两两对仗，押韵之句或两句或三句都可，格律比律诗宽得多。

词

中国诗歌体裁的一种。因大多数词的句子长短不一，又称“长短句”。盛行于宋代，故后人常称为“宋词”。最初是为适于歌唱而产生的，每首词都有一个曲名称，叫“词牌”，创作时必须依照词牌填词。不同的词牌其段数、句数、字数、押韵都有一定的规则。按字的多少，可分为“小令”（五十八字以内）、“中调”（五十九字到九十字）、“长调”（九十一字以上）。

词牌

填词用的曲调名。最初的词，都是配合音乐来歌唱，有的按词制调，有的依调填词。曲调名即词牌，一般根据词的内容而定。后来主要是依曲调填词，曲调名和词的内容并无一定的联系，曲调名只作文字、音韵结果的定式。常见的有：浪淘沙、卜算子、水调歌头等。

散曲

中国古代韵文的一种形式。是一种按当时流行于北方的曲调写的合乐的歌词。盛行于元、明两代。著名散曲家有马致远、关汉卿等。散曲与戏剧中的曲不同，没有说白和动作，只能清唱。其有小令和套曲两种。小令只能用一个曲牌，押一种韵，多用来写景抒情。套曲又称为“套散”，可由同一宫调的多种曲子组成，既可写景抒情，也可叙事。

演义

中国旧时长篇小说的一种。由讲史、话本发展而成，盛行于明、清时期。根据史书、传说，经艺术加工，用口语铺叙成文。例如《三国演义》就是罗贯中在《全相三国志平话》的基础上，据陈寿的《三国志》并吸收了有关的故事传说和戏曲材料敷衍成文的。代表作有明代纪振伦的《杨家将通俗演义》、冯梦龙的《东周列国志》；清代褚人获的《隋唐演义》、钱彩的《说岳全传》。

骈　文

文体名，也称“骈体文”。起源于汉魏，至南北朝大为流行，代替了先秦两汉散文而成为文章正宗。大多拘泥于形式，内容空洞，但也有优秀作品，如李密的《陈情表》、刘勰的《文心雕龙》、陆机的《文赋》。形式特点是，全篇以双句（即俪句、偶句）为主，讲究对仗和声律，大量用典。唐初称为“骈俪文”或“骈偶文”。至中唐以后，因其句式以四、六句为主，故又称“四六文”。

诏　令

文体名。古代帝王、皇后所发布的命令、文告的总称。包括册文、诏、诰、制、赦、策令、玺书、教、谕等。“诏令”的名称始见于秦代，此后，因内容、用途不同，又有不少异称，如“诏”就有制诏、亲诏、密诏、特诏、手诏、遗诏之称；而“令”也有宪令、戒令、教令、法令、条令、赦令、军令、告令、内令、手令等。其他各体皆有异名。诏令文分散体和骈体两种，典雅凝重，温润浑厚，特别注重引用古代典籍史册上的辞词和典故。一般是御用文人代笔。

八股文

明清科举考试制度所规定的文体。每篇由破题、承题、起讲、入手、起股、中股、后股、束股八部分组成。"破题"用两句话破题目要义；"承题"是承接破题的意义而阐明之；"起讲"为议论的开始；"入手"为起讲后入手之处；"起股"至"束股"为正式议论。八股文题目主要摘自《四书》，所论内容也主要根据宋代朱熹的《四书集注》等书。

表

诸葛亮

文体名。也叫"奏表""奏文"，奏议的一种，是臣属给皇帝的上书。最早出现于秦汉时期，为历代所沿用。西汉以前的表文都已散失不存。东汉末至晋代，多用来陈述哀情，且多用散文，如诸葛亮《前出师表》《后出师表》都是表文中的佳作。唐宋时代，转而多用四六文，用途日广，诸如谢恩、劝进、辞免、庆贺、贡物等事项，一般都用表。其格式一般开头作"臣某言"，结尾作"臣某顿首""拜表以闻"之类。此外，"表"又是史书中的一种体例，即按时间顺序用表格形式记历史事件，是各个历史时期的大事记。

书

纪传体史书的体裁之一。汉代司马迁《史记》首创。指用以铺叙国家典章制度的文体。《史记》中有《礼书》《乐书》《律书》《天官书》《封禅书》《河渠书》《平准书》共八书，虽然记载典章制度的各个方面还不够十分完备，但保存了大量的珍贵资料，并为后代史家所重视。《汉书》将“书”改称“志”，为后世大部分“正史”所沿用。

檄　文

文体名。古代一种军事性的文告。唐代陆德明《经典释文》：“檄，军书也。”即古代征伐时的一种声讨性文字。有时也用于征召和晓谕臣民。“檄”的名称，最早见于汉代司马迁《史记·张仪列传中》，后来成为一种正式文体。汉代的檄文是写在二尺长的木简上的，所以又称“二尺书”；如有紧急军情则插上羽毛，表示要飞快送往，故又称“羽檄”。檄文的风格要求张大其辞，务在雄壮刚健，表现出压倒敌人的气势。唐以前的檄文主要用散文体，唐以后则多用骈体文。

序

文体名，也作“叙”“题辞”，是写在一部书或一篇诗文前边的文字，说明其写作缘由、内容、体例、目次和作者情况的。序早在汉代时就已出现，如司马迁《史记·太史公自序》。序文的体裁一是以议论为主，近似议论文，如欧阳修的《五代史伶官传序》；二是以叙事为主，如文天祥的《指南录后序》；还有一些是自己所作，请别人作序则始于晋代左思。从唐代起，有的序文又称“引”，只是文字较短，如刘禹锡的《吴蜀集引》。

跋

文体名，也称“题跋”“后记”，是写在一部书或一篇诗文后面的文字。跋是用来评价、介绍作品，叙述创作目的，或记读后感的一种文体。这种文体，汉晋时代还没有，唐代称作“题某后”“读某”或“忆某”。“跋”的名称最早见于宋代欧阳修的《集古录跋尾》若干篇。跋文都是用散文体写的，内容大致可分为两类：一是学术性的，包括对书、文、画、金石碑文源流、真伪的考订、释疑；二是文学性的，陆游的《跋李庄简公家书》，就是一篇生动的散文。与序文相比，跋文的语音更为简劲、峭拔。

说

古代论说文中的一种。先秦时代是策士进说献谋的所谓“游说”之辞，汉代以后主要是说明或申述事理。如韩愈的《师说》，即说明教师的重要和从师学习的必要性。古代以“说”名篇的文章，与“论”

有所区别，往往都带有一定杂文的性质，或写一时之感，或记一得之见，题目可大可小，行文也较自由随便。如韩愈《杂说四首》中的《马说》、柳宗元的《捕蛇者说》。

论

古代论说文中的一种。它是论断事理、明辨是非的文章，包括论政、论史、论学三个方面。源于先秦诸子，他们的文章，有“论”，也有“说”。汉代论文带有先秦策士的言谈色彩，明显区别于后世的“论”。贾谊的《过秦论》是现存最早的单篇论文，东汉以后，论文的风格开始有了变化，大多围绕一个论点展开周详的推理论证，重在见解精深、逻辑严密、情理兼备，已蜕尽游说、劝说的色彩。至唐宋古文家，他们笔下的“论”与“说”已经严格加以区别。如苏轼的《留侯论》。

贾　谊

策

文体名，起源于汉代。当时以策取士，皇帝有关经义或政事的问题写在简策上，要求参加选拔者回答，叫做“策问”。它有两种方式：一是抽签，碰到什么问题回答什么问题，称为“射策”；一是题目公开，同时考问许多人，根据答卷的优劣评定名次，称为“对策”。晁错的《对贤良文学策》，就是历代传诵的“对策”文章。唐宋朝代，成为科举考试的重要内容，如苏轼的《教战守策》，即是应考时所进时务策的一篇。明代始采用八股文取士，策遂不用。

诔

祭文的一种，记叙死者生前的功业德行、表示哀悼的文字。早期是为死者“定谥”的。所谓“谥”，是指谥号，即古代统治阶级的成员死后，由朝廷评定其一生的德行功过，给予一个表示褒贬的称号。并规定“贱不诔贵，幼不诔长”。后来成为一种寄褒哀的文体。诔文有两种：一是“官诔”，最早的当是鲁哀公的《孔子诔》；一是“私诔”，始于柳下惠妻诔柳下惠。一般先述生前功业，而后致其哀思。多用四言韵语，也有用五言、杂言和骚体的。序可有可无。南朝宋代颜延之的《陶征士诔》是诔文中的名篇。

墓　表

也称“神道表”“阡（墓道）表”“殡表”“灵表”“墓碣文”，文体名。本是立在墓前，刻载死者生平加以颂扬的石碑，后来又称刻在墓表上的碑文为“墓表”，于是成为一种文体。最早的墓表是东汉安帝时《谒者景君墓表》。宋代以前的墓表有志有铭，宋代起，凡称“表”

的全是散文，不再有后面的韵语。欧阳修的《泷岗阡表》是墓表文中的名篇。

祭　文

是古代为祭奠死者而写的哀悼文章。一般是在举行祭奠仪式时宣读的，有一定格式：开头是年、月、日和致祭人；中间主体部分抒发对死者的哀悼之情；结尾是“鸣呼哀哉，尚飨”。后半部分多用韵语，也有散体、骈体。祭文与墓志不同。墓志偏重于对死者的追悼哀痛，多为祭者自作，带有抒情性。如是唐代韩愈的《祭十二郎文》被后人称为“祭文中千年绝调”。另有以“告”明篇的，用于晚辈祭告长辈。古代祭祀天地山川神祇时的祝祷性文字，也称祭文或祈文、祝文。至于“诔”“哀吊文”“哀辞”等皆属祭文中的一种。神道碑：文体名。古代风水先生认为，人死后有灵魂，应在位于坟墓的东南方筑大道以便鬼魂行走，此大道称为“神道”，立碑于神道上，故称“神道碑”。本指记载死者生平事迹的石碑，后用以指刻在神道碑上的碑文。于是神道碑成为一种文体名，始于东汉，用于封建统治阶级的上层人物。

墓 志 铭

文体名，古代墓碑文的一种。通常是两块方石，一底一盖，底刻志铭，盖刻标题，底盖相合，埋于距棺椁三尺处。墓志铭始于魏晋时期，最初是由死者家属题词，一般只刻死者的官位、氏系和死亡、安葬时间；从南朝起，增加了死者生前业绩、功德等内容，而且多请文人代笔，从此方成为一种文体进入文学领域。墓志铭包括志和铭两部分：志又称序，是用散文写的死者生平事迹；铭则用韵文体（包括四字句、三言、七言、杂言和骚体），是死者的褒扬颂赞。也有少数有志无铭或有铭无志的，是为变体。六朝时期全用骈文来写，庾信的《吴明彻墓志铭》被后世誉为“志文绝唱”。唐宋时代，多用当时的散文来写，而且在立意、谋篇、遣词造句上都有许多创造和发展。特别是唐代韩愈写的墓志铭，如《柳子厚墓志铭》等，被后人评价为“空前绝后”。

语　录

文体名，记录传教、教学、论政及交际等的口语，不重文字修饰，故名语录。其始用于禅宗僧徒记录其禅师的言谈。实际上先秦时孔子门人及其再传弟子记录整理的《论语》一书，是中国最早的语录体著作。后来理学家门人也用来记录其师论学之言语。如宋时程颐、程颢门人把二程有关哲学、政治等言谈编为“语录”，后由朱熹辑入《二程遗书》。

诗　话

一是评论古代诗歌、诗人、诗派或记录诗人议论、行事的著作。诗话的写作，始于南朝梁代钟嵘《诗品》，至宋代而盛行。明、清两代“诗话”尤多。二是古代说唱艺术的一种。宋、元间刊印的《大唐三藏取经诗话》，是现存最早的一部诗话作品。其体制为韵文、散文并用，韵文由通俗的七言诗赞组成。

本　纪

纪传体史书的体裁之一，以历代帝王为主，按年月记载帝王事迹和国家大事，能备见一代史事概要，为全书的总纲。汉代司马迁作《史记》，因先秦时有《禹本纪》之名，以十二本纪为首。这一体例，为后来的“正史”沿用，纪传体史书都首列本纪，简称“纪”。

世　家

纪传体史书的体裁之一。汉代司马迁《史记》中所创，主要纪述世袭封国诸侯的事迹。为开国承家、世代相续之意。《史记》将孔子和秦末农民起义的领袖陈涉列入“世家”，表现了作者的胆识和独到见解。以后的纪传体史书，除梁武帝敕撰《通史》以三国时蜀、吴为“世家”，欧阳修撰《新五代史》以十国为“世家”外，全都归入“列传”，而不再有“世家”的名目。

列　传

纪传体史书的体裁之一，汉代司马迁《史记》首创，并为历代纪传体史书所沿用。记载帝王以外的各种历史人物，同时也用以记载少数民族及其他国家的历史。有单传，有合传，有类传。它在史书中所占篇幅最多，简称“传”。

志

纪传体史书的体裁之一。汉代班固撰写《汉书》，将记载典章制度的各篇统名为“志”(《史记》称“书”)，此后的“正史”大多沿用。如《礼志》《乐志》《食货志》。

年　表

按年代次序排列历史事件及人物的书表。原为纪传体史书的一部分。如《史记》中有《十二诸侯年表》《六国年表》。后来的正史仅《汉书》《新唐书》《宋史》《辽史》《金史》《元史》《明史》有年表。宋以后学者为补正史所未备，也有专门撰写年表的，如宋代熊方的《后汉书年表》，清代万斯同的《历代史表》等。也有人物年表，如清代查慎行的《东坡先生年表》。

编年体

史书体裁之一。按年月等顺序编写史书，从《春秋》《左传》到后来的《资治通鉴》等均用这种体裁。以年月为经，以事实为纬，便于考查历史事迹发生的个体时间，易于了解历史事件之间的联系，并避免叙述重复。其缺点是记事前后断裂，首尾不能联贯，无法记述每一历史事件的全过程，历史人物的生平事迹和典章制度也难以详细了解。

纪传体

史书体裁之一，始创于汉代司马迁的《史记》，由本纪、世家、表、书（志）列传等组成。以本纪、列传为主，故称。其优点是便于记载政治、经济、文化等多方面的情况，能广泛地反映社会各阶层人物事迹，记述重大历史事件，分门别类叙述典章制度，内容比较丰富。缺点是记事分散，不能全面、完整地叙述每一历史事件的具体过程，不能表明历史事件内在的联系。

笔记

文体名，泛指随笔记录、不拘体例的作品。其题材亦很广泛，有的著作可涉及政治、历史、经济、文化、自然、科学、社会生活等许多个领域，但亦可专门记叙、议论某一个方面。其体裁虽产生较早，而作为书名，则始于北宋宋祁。笔记的异名，有随笔、笔谈、杂识、札记等，其铺写故事，以人物为主而较有结构的，称为笔记小说。

无 题 诗

诗意含蓄隐晦，言在此而意在彼，不便或难于标题，故称“无题”。唐代李商隐“无题诗”最多，也最为人传诵；大都属于爱情诗，也有曲折表达诗人怀才不遇的痛苦情感的。文辞艳丽，对仗工整，用典巧妙，哀怨悱恻，蒙有一层凄艳感伤的色彩，构成奇丽浓郁的意境。不足在于词意深奥、晦涩难解。后人也有以诗的起首二字名篇，而篇名并不能概括诗的内容，也属“无题”一类。

田园诗派

盛唐诗派，以描写山水田园、闲适生活而得名。代表作家为王维、孟浩然，故又称“王孟诗派”。唱和者还有储光羲、裴迪、王缙、綦毋潜、常健、祖咏、丘为等。唐开元、天宝年间，经济繁荣、社会安定，佛、老思想盛行。一些士大夫或为逃避现实矛盾而归隐田园，或要走“终南捷径”而寄情山水，山水田园诗派由此产生和发展起来。他们善用五言体形式，描写自然景物之美，创

王 维

造出浓郁的意境，风格清新淡雅，比谢灵运山水诗派有较大发展。后经唐代司空图、宋代严羽、清代王士祯从理论上加以总结发挥，成为他们标举“韵味”“妙语”“神韵”诸说的材料，扩大了影响。

边塞诗派

盛唐诗派，以描写边塞风光为主，代表作家为高适、岑参，故又称“高岑诗派”。重要作家还有王昌龄、王之涣、李颀等。边塞诗在六朝及唐初就已出现，至唐玄宗开元、天宝年间，边境战争和边事活动频繁；唐玄宗又重武功，边将“功名著者往往入为宰相”，因而士人从军边塞以求进身蔚然成风，无形中促使了边塞诗的大量产生，成为诗坛上一个重要流派。其诗多采用七言歌行和七绝形式，描写将士们从戎报国的英雄气概，反映征夫思妇的幽怨情绪，并描绘奇特壮丽的边地景色，笔势豪健，色彩浓烈，风格雄浑奔放，充满浪漫主义色彩，比山水田园诗有较多的进取精神。

花间词派

晚唐、五代时的一个词派，因后蜀赵崇祚所编《花间集》而得名。主要词人有韦庄、牛希济、欧阳炯、鹿虔扆、李珣、牛峤等。“花间”词实为南朝宫体诗的恶性继承，他们奉温庭筠为鼻祖，但只效仿温词香艳柔靡的词风，专写闺房艳情，伤于柔弱，过于雕琢，内容空虚，题材狭窄。其中韦庄成就较高，少数作品能够脱去脂粉气，其他人也有不同于花间词风的佳作。“花间词派”曾一时弥漫五代和北宋文坛，直至影响到清代的“青州词派”。

婉约派

宋代形成的一个词派。词作多写离情别绪及个人际遇，手法含蓄蕴藉，感情细腻委婉，讲究音律格调、辞藻色彩，风格清婉绚丽，故称“婉约词派”。主要词人有柳永、周邦彦、李清照、张炎、姜夔等。这一词派有300余年的发展历史。晚唐五代以温庭筠为鼻祖的“花间派”首开其端，而宋初欧阳修、晏殊、柳永加以继承发展。柳永词影响最大，他把词的内容扩大到城市生活和羁旅行役，突破词写闺情、花间的题材。此后，以周邦彦为首的大晟乐府词人，注重音律，严守平仄，追求形式协调美丽，内容日趋狭窄，毫无柳词的市民气息。南宋李清照词为婉约派正宗，“下开南宋风气”。到南宋后期，姜夔为首的姜派词人，力纠平熟软媚之风，在音律上有所创新。张炎则是南宋最后一个婉约派词人，其词抒写亡国之情，含蓄蕴藉，婉转动人，并无婉约词作雕琢、堆砌的痕迹。婉约派词作家在音律发展上所做的贡献，对后世影响不小，至清初浙西词派还以姜夔、张炎为正宗。

豪放派

宋词中的一个主要流派。因词风飘逸豪放、气势恢宏而得名。苏轼开创，辛弃疾完成。同派词人还有黄庭坚、晁补之、陆游、陈亮、刘过、刘克庄等。苏轼不满浮靡词风，用诗和散文的笔法填词，形成所谓“以诗为词”和“以文为词”的新体，又“不喜剪裁以就声律”，“故为豪放不羁之语”。他的词论和实践为豪放派奠定了基础。自此，词即分成以苏轼为首的豪放和以柳永为首的婉约两大派。至南宋，豪放词由辛弃疾、陈亮、陆游等人发扬光大，更增添了雄伟悲壮的色彩，多表现对苟安局面的不满和誓死收复国土的决心；形式大都使用长调，语言风格恣肆粗犷。少数词议论过多，韵味不足。豪放词派一直影响到清代词作。

公安派

明代万历年间（1574–1620）的文学流派。因代表人物袁宏道、袁宗道和袁中道都是湖北公安人，故称公安派。他们认为文学随时代而变迁，反对贵古贱今，摹拟古人；文学首先在于表现真实的情感，应该自然天成，“任性而发”，“一一从自己胸中流去”；主张意达辞畅，反对艰深古奥。公安派主要创作成就是散文，同时开拓了杂文和小说领域。作品能够打破传统古文的陈规定局，个性鲜明，语言流利，文风清新活泼。但袁宏道等人视文学为抽象“性灵”“心灵”的表现，其文题材狭窄，思想贫弱，多限于描写山光水色及琐闻细事，抒发文人雅士闲情逸致，有的雷同，所以当时及后来，都有人讥讽其俚俗空虚。

桐城派

清代中叶著名散文流派，因主要代表作家方苞、刘大櫆、姚鼐都是安徽桐城人而得名。这一派作家继承明代“唐宋派”的古文传统，提出“义法”古文理论，“义即《易》之所谓‘言有物’也，法即《易》之所谓‘言有序’也，义以为经，而法纬之，然后为成体之文”（《望溪先生文集·又书货殖传后》）。所谓“义”指文章的思想内容，实为儒家思想中的封建正统观念；所谓“法”指表达中心思想的形式技巧，包括材料、结构和语言运用等。姚鼐进一步发展了“义法”说，提出“义理、考据、辞章”三者合一，并以阳刚、阴柔来区别文章风格。桐城派散文以碑志、传状等应用文为多，风格简洁平淡，语言妥帖自然，然却不够鲜明生动，缺乏活力。但有些描写山水景物或逸事杂记的小品文，确属“上品”，而以姚鼐为最。桐城派有理论又有实践，师徒相承，弟子众多，又经各地书院广为传播，风行二百余年，其影响直到清末。

话 本

古代小说的一种体裁，指宋、元白话短篇小说。民间艺人讲故事叫做“说话”，用来记录故事的说话底本称“话本”。正文之前一般都有引子开场，或用诗词、或用一短小故事，称为“入话”或“得胜头回”。结尾多用诗词，带有总结、规劝性质。故事脉络清楚、条理分明、有头有尾、可读性强；采用了白话文，生动活泼、通俗易读，是继唐传奇之后，我国古代小说发展中的一个重要阶段。据载：宋代话本有近 120 种，但流传至今的只有 40 余种。至明代、文人模拟话本形式创作的白话短篇小说，称为“拟话本”，文体大致与宋元话本相同，但篇目标题却采取对句形式。最著名的是冯梦龙编写的“三言”和凌濛初的“二拍”。

小 说

文学的一大样式。指通过完整的故事情节和具体的环境描写，运用各种表现手法，以塑造鲜明生动的典型人物，广泛地、多方面地反映社会生活的一种文体。“小说”一词，最早见于《汉书·艺文志》，其意义和后来的小说不同，是指“街谈巷议”“丛残小语”。至于演述故事、刻画人物的小说，当起源于古代的神话传说、寓言故事以及以《史记》为代表的史传文学的优良传统，后又经历了魏晋六朝的志怪、唐代传奇、宋元话本等阶段逐渐成熟起来。六朝的志怪小说只是粗具小说的梗概，到唐代传奇才开始有意为小说，明清时代是中国小说发展的高峰，名著不断涌现。按小说篇幅的长短和内容的广狭，可分为“长篇小说”“中篇小说”“短篇小说”。我国古代有“志怪小说”“轶事小说”“传奇”“话本”“演义”“章回小说”等不同名称。

平　话

讲史的别称，也指讲史的话本。因说书人讲历史故事时，常夹用评议，故又称“评话”。内容主要讲说历代兴废存亡和战争故事。其中重大的历史事件都有史料根据，但说话人多加以渲染夸张、虚构想象。形式一般以诗句起结，采用浅近文言间杂白话。宋代史籍中不见“平话”名称，到元代才大量使用，以致小说话本偶而也有被称为“平话”的。宋代佚名的《五代史平话》是最早的作品；元代有《武王伐纣平话》《三国志平话》等。平话是我国最早的长篇历史小说，且发展为“演义小说”。

词　话

一是评论古代词、词人、词派以及有关词的本事和考订的著述；二是元、明说唱文学的一种。有说有唱，散文、韵文交织或全部韵文，韵文基本为七字句。现今

【画十二月月令图】轴 局部［清］画院　中国台北故宫博物院藏　25－5

【画十二月月令图】轴 局部 ［清］ 画院 中国台北故宫博物院藏 25-5

所见到的最早的词话话本为明代成化年间北京永顺堂所刊《新编全相说唱足本花关索出身传》等十六种；三是章回体小说，在明代称夹有诗词的章回体小说，如《金瓶梅词话》等。

文字书画

甲骨文

是商周时代刻在龟甲兽骨上的文字，也称龟甲文、龟版文、契文、殷契、卜辞、甲骨卜辞、殷墟文字等等。在可识的汉字中，甲骨文是最古的文字。

甲骨文

金文

也称“铜器铭文”或“钟鼎文”，是刻、铸在商周青铜器上的铭文，属大篆系统。殷代铜器上的文字较少，西周铜器上的文字较多，内容大多是统治者有关祭祀、赐命、征战、契约的记录。

小篆

古汉字的一种体式，相对大篆而言。由于这种字体为秦始皇统一文字时所用的字体，所以亦称为秦篆。先秦时期，各国文字形体不一，秦始皇统一六国之后，采纳李斯的建议，禁止使用统一前其他国家所用的与秦国文字不一样的字体，并由李斯作《仓颉篇》，中书府令赵高作《爰历篇》，太史令胡母敬作《博学篇》，这些都是作为当时教学童的识字课本。汉承秦制，到了汉代，小篆字体沿用了下来，东汉许慎的《说文解字》中就是用9353个小篆字体作为字头的。小篆字体以圆润、对称、规整、曲线和直线平匀形成自己的特点。在汉字形体发展史上，小篆作为古文字字体的最后一种体式，承上启下，具有重要的历史作用。

大　篆

也叫籀书。从狭义上讲是指籀文，因著录于《史籀篇》而得名。广义上指甲骨文、金文、籀文和春秋战国时期通行于六国的文字。

隶　书

也称“佐书”，产生于秦汉时代。由篆书演变而成，所谓的“隶变”实际上就是隶书是对篆书的一种简化，是篆书更快捷地书写的一种书体。隶书在字体和文字结构上具有线条化、符号化、结构趋向简化的特点，其笔画也由篆书的圆转不断的线条演变为方折的断笔。隶书的出现，在很大程度上改变了古文字象形表意的特点，是以后楷书产生的基础，被认为是古今文字的分水岭，开创了今文字的新阶段。

楷　书

亦称“正书”“真书”，汉字的一种体式。最早出现在汉末，三国时已流行于全国，这是到目前为止使用最普遍的汉字体式。楷书源出于汉隶，但与汉隶相比，已有明显的不同，如字形由扁方形趋向长方形、运笔由上挑改为收锋、慢弯改为硬钩等。由于楷书笔画严谨，可视作文字体式的楷模，所以自唐代之后，人们就用“楷书”一词来指称“真书”“正书”。

草　书

泛指不论时代、字体、凡写法潦草者，如草篆、草隶、章草、今草、狂草等。狭义专指笔画连续、书写便捷的字体。草书为书艺之冠，源起于汉代。汉初时为“草隶”；后演变为“章草”；到汉末，张芝再创“今草”，即后世所称的草书。至唐代张旭、怀素将今草定得更加潦草狂放，笔势连绵环绕、离合聚散，字形变化繁多，气势宏大称为“狂草”。这时的书体，在很大程度上已经无所谓汉字的结构体系，成为一种脱离实用、供人欣赏的艺术创作。

行　书

介于草书与楷书之间的一种汉字体。相传始于东汉末，为刘德昇创造，兴于晋代，盛于唐宋。其兼具楷书的规矩，又具草书的流动。其用笔的擒纵范围比较广泛，增加点画的勾挑和牵连，结构上连笔带草，字形随意伸缩，筋骨分明，虚实相加，追求便捷。其楷法多于草法的叫“行楷”，草法多于楷法的叫“行草”。

三希堂法帖

全称《三希堂石渠宝笈法帖》，32册。清高宗得王羲之《快雪时晴帖》、王献之《中秋帖》、王珣《伯远帖》墨迹三种，名其所藏之室为“三希堂”。乾隆十二年（1747），命梁诗正等编次内府所藏魏、晋至明代法帖墨迹，命人摹刻。所收历代书法家134人，340余帖，共495石。为法帖中之巨制，今存北京。

三希堂法贴之王献中秋贴

九成宫醴泉铭

正书。魏徵撰，欧阳询书。唐贞观六年（623）四月刻。文24行，行50字。额阳文篆书“九成宫醴泉铭”。碑左右两侧刻有各家题名。为欧阳询晚年应诏之作，各字书写可谓无一不佳，是千余年楷书登峰造极之作。明赵崡《石墨镌华》推此书法为正书第一。碑在陕西麟游。原刻以北宋拓本为最佳。

圣 教 序

全称《怀仁集王书圣教序》。这是僧怀仁将唐太宗为玄奘整理佛经撰写的序，及高宗撰写的记，集王羲之的行书，一一勾摹上石。现在西安碑林。30行，共1900余字。虽为集字帖，但章法布局工巧自然，行气贯通，韵调一致，连字中的破锋、牵丝也都忠实表现出来，可谓独具匠心。

多宝塔碑

全称《大唐西京千福寺多宝佛塔感应碑文》。正书，颜真卿书。唐天宝十一年（752）立。字34行，行66字。是颜真卿早期书法的代表作。书法端正平稳，疏密匀称。笔法遒劲健朗。原碑石在陕西西安，康熙时此碑断裂。

玄秘塔碑

全称《唐故左街僧录内供奉三教谈论引驾大德安国寺上座赐紫大达法师玄秘塔碑铭并序》。唐代裴休撰文，正书，柳公权书并篆额。碑立于唐会昌元年（841），现存西安碑林。此碑为柳公权64岁时所书，其书体遒媚劲健，端正俊丽，结构紧严爽朗，用笔方圆兼备，笔画瘦劲，干净利落，是柳书之代表作。

兰 亭 序

又名《兰亭宴集序》《兰亭集序》。行书法帖。东晋永和九年（353）三月三日，王羲之与谢安等41人在山阴（今浙江省绍兴）兰亭聚会，作诗兴乐，其诗编成兰亭集，王羲之为之作序并乘兴书此。行书，28行，共324字。书法之妙，素有“天下第一行书”之称。原迹后为唐太宗访得，极为珍爱，并命赵模、冯承素等人钩摹数本，分别赐予皇子及亲贵近臣。真迹相传殉葬入昭陵。现存世墨迹以冯承素所摹的《神龙本》为最佳，石刻本首推《定武本》。

国　画

即“中国画”。中国传统造型艺术之一。一般分为：人物、山水、界画、花卉、瓜果、禽鸟、走兽、虫鱼等画科。有工笔、写意、勾勒、设色、水墨等技法。以钩皴点染、干湿浓淡、阴阳向背、虚实疏密和留空白等表现手法来描绘物象。讲究构图，取景布局视野广。根据不同功用可分为壁画、屏幛、卷轴、册页、扇面等，并用传统的工艺装裱、装潢。国画强调融化物我，创制意境，以达到以形写神、形神兼备的效果。在国画中，画与书法、篆刻融为一体，相互映衬。

年　画

中国画的一种。指民间过春节时张贴，以示祝福吉祥喜庆之意的画。传统民间年画多用木板水印制作。宋代已有关于年画的记载，现有最早的一幅木版年画即为南宋刻印的《隋朝窈窕呈倾国之芳容》。民间年画色彩鲜明、对比强烈、气氛热烈、形象生动。题材多为民间故事、历史故事和戏剧人物等。年画主要产地有天津杨柳青、苏州桃花坞、山东潍坊、广东佛山、四川绵竹等。

水墨画

中国画的一种。指纯用水墨所作的画，是中国特有的绘画形式。它以中国特有的墨作为色彩，以墨的浓淡变化表现色的层次变化，并辅以多变的运笔方法进行创作。水墨画历史悠久，在南北朝时期已有记载，到唐吴道子初步确立。王维师法吴道之，提出“画道之中，以水墨为上”。长期以来水墨画在中国绘画史上占有重要地位，在世界绘画史上也有重要影响。

丹青

中国古代绘画常用朱红、青色，故又称图画为“丹青”，也泛指绘画艺术。中国民间则称画师为“丹青师傅”。

白描

中国画传统技法，古称“白画”。用墨勾勒线条，塑造形象，不着颜色，靠线条的提按圆转、浓淡干湿丰富画的效果。也可略用淡墨渲染。多用于人物、花鸟画，形象鲜明。要求画家有高超的线条造型能力和用笔功力。唐吴道子是较早的白描高手，画人物以描为主，略施淡彩，被称为“吴装”。北宋李公麟白描也很有名。

题　款

也称“题识”“款识”。中国画题跋的几种形式。有“穷款”“长款”“多处款”“单款”“双款”等之分。中国画山水、花鸟、人物等作品的画面布置变化多端，如果构图式满，只题一姓名，或钤一方图章，叫作“穷款”。如构图很空，就题长篇大论用作补充，叫“长款”。一幅画，除诗跋等外，仅题有作者姓名的叫“单款”。另外，还注明持有者姓名、字号的叫“双款”。

篆　刻

我国传统造型艺术之一，镌刻印章的通称。因印章字体一般采用篆字，先书后刻，故称。这是融合书法、绘画、雕刻而形成的独特的传统艺术。其创作注重章法、篆法、刀法，要求形神兼备，相得益彰。篆刻艺术在战国时期就已产生，随着历史发展，形成了各个时代的不同流派和风格。特别是明清以来，因出土文物中印章渐多，参考资料增多，研讨篆刻之风日盛，涌现了很多篆刻家，形成诸多流派，如皖派、浙派、邓派、赵派、吴派、齐派等。

印　章

又称“图章”，古代称“鉨”或“坏”。印章源于春秋战国，盛行于秦汉之际。它最初仅作为受命做官的凭信和权威的象征，先秦及秦汉多用于封发简牍、物件。后形成姓名印、书简书画印、收藏鉴赏印、斋馆别号印、肖形印、闲文印等种类，成为中国特有的一种艺术品。印的取材最初为黏土，上古时代多用金、银、铜、玉、琉璃等，其后也杂采象牙、角、水晶等；元以后盛行石章。

阳　文

在印章或器物上镌刻成凸状的文字。因用阳文印章钤出的印文是朱色，因此又称“朱文”。

阴　文

在印章或器物上镌刻成凹状的文字。因用阴文印章钤出的印文是白色，因此又称“白文”。

元四家

元代画家黄公望、王蒙、倪瓒、吴镇四人的总称。黄公望，本姓陆，名坚，常熟（今属江苏省）人。受董源、巨然的影响，创作多以浙江山水为题材，风格浑厚苍润，为元四家之首，代表作有《富春山居图》；王蒙，字叔明，号香光居士。湖州（今属浙江省）人，代表作有《青卞隐居图》；倪瓒（1301—1374），字元镇，号云林子。无锡（今属江苏省）人。画山水用侧锋干笔。代表作有《渔父图》。吴镇，字中圭，号梅花道人。浙江嘉兴人，博学多识，性情孤傲，隐居乡里。传世作品有《嘉禾八景图》等。元四家师法董源、巨然，融诗文书法入画，作品很有个性特征，对明清文人画影响很大。

明四家

指明代中期活动于今苏州地区的四位画家：沈周、文徵明、唐寅和仇英，也称“吴门四家”。沈周（1427–1509），字启南，号石田，擅长画山水，刻苦学习董源、巨然及元四家的画法，有粗笔和细笔两种风格，被称为“粗沈”与“细沈”；文徵明（1470–1559）初名璧，又字征仲，号衡山居士，学画于沈周；唐寅（1470–1523）字伯虎，号六如居士等。与文徵明一起学画于沈周。自称“江南第一风流才子”，擅长山水画，取法南宋李唐、刘松年，并擅长人物、花卉。山水画有《骑驴归思图》《茅屋风清图》等，人物画有《孟蜀宫妓图》等；仇英，字实文，号十洲，曾是一名漆工，后学画于沈周。山水画色彩浓艳，讲究法度。沈、文为文人画；唐、仇近于院体画。

吴门画派

明代中期活动于今苏州地区的一些画家，有沈周、文徵明、文伯仁、文嘉、陈道复等人，因都是苏州人，苏州别名“吴门”，所以被称为“吴门画派”。

清初四王

清初山水画家王敏、王鉴、王翚和王原祁的合称。“四王”受明末书画家董其昌影响很大，极力摹仿宋、元，在笔墨技法上功夫很深，被尊为当时的“正宗”。

扬州八怪

清代乾隆年间活跃在江苏扬州画坛上的一批文人画家。又称扬州画派。当时扬州是商业名城，在整个18世纪都很兴盛。八怪只是扬州画派几十位画家的代表，具体为哪八个人，说法不一，一般认为是郑燮、李鲜、李方膺、金农、汪士慎、高翔、黄慎、罗聘等。他们在政治上不满清朝统治，常借笔墨倾泻牢骚，在艺术上继承了石涛的创作精神。他们的绘画各具风格，如郑燮的刚劲、金农的古拙、李鲜的纵放、汪士慎的冷逸……题材以花鸟为主，也有人物。

音 乐 舞 蹈

八 音

古代乐器的统称。古人按材料的不同，把音乐乐器分为八类。分别为金、石、土、革、丝、木、匏、竹八类。钟、铎等属金类；磬等属石类；埙属土类；鼓等属革类；琴瑟等属丝类；柷、敔等属木类；笙、竽等属匏类；管等属竹类。

五 声

也称“五音”，指我国古代高低不同的各种音阶。即宫、商、角、徵、羽，相当于现行简谱上的1、2、3、5、6。

六 律

我国的古代律制。古称六律，实则十二律，即古乐的十二个调。律，本来指用来定音的竹管，旧说古人用十二个长度不同的律管，吹出十二个高度不同的标准音，以确定乐音的高低，因此，这十二个标准音也就叫做“十二律”。这是将一个八度分为十二个不完全相等的半音的一种律制。各律有固定的音高和特定的名称。大致相当于现代音乐中的十二个调。

十二律

我国的古代律制。用三分损益法将一个八度分为十二个不完全相等的半间的一种律制。各律从低到高依次为黄钟、大吕、太簇、夹钟、姑洗、仲吕、蕤宾、林钟、夷则、南吕、无射、应钟。其中奇数各律称“律”，偶数各律称“吕”，总称“六律、六吕”。十二律也与十二月相配。

宫调

音乐术语。古代称宫、商、角、变徵、徵、羽、变宫为七声，其中以任何一声为音阶的起点，均可构成一种调式。凡以宫声为音阶的起点的调式称“宫”，即宫调式，而以其他各声为主者则称“调”，如商调、角调等，统称为“宫调”。

钟

曾侯乙编钟

击奏体鸣乐器。钟身青铜制。悬挂于架上，以木槌叩击发音。陕西省龙山文化遗址曾出土“陶钟”，距今4000多年。殷商有三个一组，至西周中期开始有十几个大小相次成组的编钟。也有单一的特钟。在古代，钟或编钟不仅是造价昂贵的乐器，也是地位和权力的象征，广泛用于各种仪典以及日常宴乐之中，并按照等级制定出一套用乐制度。近年曾在湖北省随县曾侯乙墓中出土大型编钟，多达 64 枚，分三层悬挂。宋以后，编钟专用于雅乐，清亡后几乎绝响。新中国成立后，编钟才逐渐得到新生，成为民族乐队中的打击乐器。

磬

击奏体鸣乐器。用石或玉雕刻而成。悬挂于架上，用小木槌击奏。夏代已有单一的大石磬。商代广泛流行，制作精美。周代有十几个大小成组的编磬。最早用于庆祝的乐舞活动，后用于历代帝王、上层统治者的殿堂宴享、宗庙祭祀、朝聘礼仪等活动中的乐队演奏，成为象征其身份的“礼器”。唐、宋以后新乐兴起，磬反用于祭祀仪式和宗教活动。

鼓

击奏膜鸣乐器。中国是世界上鼓的最早发源地之一。除本土外，也受少数民族和外来鼓的影响。鼓种类繁多，据史书记载：在秦汉前达 20 余种，唐代达 30 多种，清代达 50 余种。从制鼓材料看，远古用陶土为框，后世以木为框，也有铜铸的。上蒙兽皮或蟒皮。有一面蒙皮的，如板鼓、八角鼓、定音鼓；有两面蒙皮的，如堂鼓、书鼓、长鼓、腰鼓等。用木槌、竹签或手击奏。至周代，在隆重礼仪乐队中，有大小鼓。在大型音乐中常以鼓的独奏为前导，普遍用于劳动、祈神、求雨、祛邪、驱魔、巫术、宗教、战争、庆典等各方面活动。

铙

盛行于商代的古代敲击乐器。用青铜制成，形状又短又宽，有中空的短柄，插入木柄后可用手拿着，用槌叩击发音。3 个或 5 个一组，大小相次。还有一种铙形成于宋代，形状与钹相似，以两先为副，相击发音。中间隆起的部分比钹小。后来被广泛用于民间歌舞、戏曲、吹打乐、锣鼓乐中。

笳

又名“胡笳”。吹管气鸣乐器。汉代由匈奴地区传入，据考证：最初卷芦叶吹奏，后以木或羊骨为管，饰以桦皮，两端加角。汉魏流行于塞北、西域一带，是鼓吹乐中的主要乐器之一。清代的形制有三孔，管身木制，两端弯曲，长二尺四寸。音量宏大，为历代鼓吹乐的必备乐器。可独奏，音色浑厚悲凉，故又有“悲笳”“哀笳”的别称。

笛

俗称“笛子”，吹孔气鸣乐器。由古时称为“横吹”的管乐发展而来。竹制，横吹，有六个音孔，一个吹孔。

吹孔附近有横孔一个，贴芦膜或竹膜。尾端一般有两至四个出音孔，通常可吹奏四个调。用于独奏、合奏和伴奏。种类繁多，主要有曲笛和梆笛，因常用以伴奏昆曲或梆子而得名。曲笛音色浑厚柔美，梆笛音色清脆嘹亮。竹笛的不同长短形制，近代用不同调名来指称，其命调方法是以第三孔的音名作为调名。

箫

又名“洞箫”，吹孔气鸣乐器。管身竹制，上端封口的竹节边缘开吹孔，管身有指孔六个，前五孔，后一孔，下方另有两对出音孔，底端为开管。相传出于羌人中，汉时称“篴”（即笛）或“羌笛”。最初仅有四个音孔，约公元前 1 世纪传到黄河流域，后经改进，发展成现今的箫。音量较小，音色柔和，甘美而优雅，适于独奏或重奏。

翡翠箫

瑟

拨奏弦鸣乐器。春秋时已流行。音箱为木制长方形，与琴相仿，但无徽位。通常张弦二十五根，也有二十三、二十四根。每弦有一柱，用以调节弦长，确定音高。弦的粗细不同，由低到高，一般按五声音阶定弦。古时，瑟常与琴或笙合奏。

筝

也称“古筝”。拨奏弦鸣乐器。战国时已流行于秦地，故又名“秦筝”。音箱为木制长方形，面上张弦，有十二、十三、十五或十六条弦不等。每弦一柱（码），柱可左右移动以调节音高，按五声音阶定弦。今多改用钢丝弦（也有选用丝弦），有十九、二十一、二十五、二十六条弦。改革后的筝，音域扩大，音量增加，易于转调，表现力较丰富。传统演奏手法是用右手大、食、中三指弹弦，用左手食指、中指或中指、无名指按弦，以取得弦音的变化。现已发展为双手均可弹奏。用于独奏、伴奏和合奏。

琴

也称“瑶琴”“玉琴”，现代称“古琴”“七弦琴”。拨奏弦鸣乐器。琴身为狭长形体音箱；长约 110 厘米，琴头宽约 17 厘米，琴尾宽约 13 厘米。面板用桐木或杉木制成，外侧有徽十三个；底板用梓木制成，开有两个大小不同的出音孔，称“凤沼”“龙池”。琴面张弦七根。奏时右手弹弦，左手按弦，有吟、猱、绰、注等手法。音域较宽，泛音较多、音色丰富，表现力强。音量较小，弦较长，不宜在一条弦上弹奏快速旋律，主要用于独奏、伴奏。相传至今已有 3000 年左右的历史。孔子、司马相如、蔡邕、嵇康都以弹琴著称。在汉魏六朝时期是相和歌的伴奏乐器、隋唐九、十部乐中，也有用作伴奏乐器。古代琴曲流传至今有150余首。

琵 琶

本作“枇杷”。一种拨弦乐器。“琵琶”两字是摹拟基本演奏手法的形声字，右手向前弹出曰“琵”，向后弹进曰“琶”。音箱曾有过圆形和半梨形两种形制。相传在秦时已有长柄皮面圆形音箱的琵琶，名“弦鼗”。秦汉以来不断改进，发展为阮咸、秦琴、三弦等多种形制，其共同特点为圆形直颈，宋以前统称“琵琶”。南北朝时，又有一种在外形上与现在琵琶很相似的曲项琶，从西域传入内地，隋唐年间盛行一时，有龟兹琵琶、五弦、忽雷等，其共同特点为半梨形曲项。唐宋以来，在两种琵琶基础上不断改进，逐渐形成现今形状，木制，体长圆形，上有长柄，一般有四根弦。演奏方法由横抱改为竖抱，奏法改拨子弹奏为五指弹奏，技法日趋丰富。

阳春白雪

古琴曲。相传为春秋时晋国乐师师旷所作。古时每以“阳春白雪”连称，常被认为一曲，后世琴谱则分为两曲。《阳春》曲调明朗、欢快，描绘阳光普照春和景明，百花竞放，万物充满生机，讴歌了对生命的热爱；《白雪》刻画千里冰封，大地银装素裹，翠竹傲立的情景，歌颂了高洁自爱、威武自尊的人生。

广陵散

古琴曲。东汉末年流行于广陵一带的民乐合奏曲。魏晋名士嵇康以善弹此曲著称，康为司马昭所杀，临刑，索琴弹之，叹曰：“《广陵散》于今绝矣！”曲谱现已不得而知。多数琴家称此曲表现的是聂政替父报仇，舍身刺杀韩王的故事。相传战国时期，韩国国君命工匠铸剑，因逾期未成而杀之。工匠之子聂政立志报仇，访名师学琴习剑十年。后改容在韩王行宫附近弹琴，高超的琴艺扣人心弦。韩王得悉，召进宫内演奏。聂政趁其不备，从琴腹抽出匕首刺死韩王，旋即自尽。乐曲曲调铿锵悲壮，隐隐然有杀伐之声，表现出志士舍身取义的慷慨风度。这是古典音乐中规模最浩大的作品。

阳关三叠

又名《阳关曲》，古琴曲，作于唐代。根据唐代王维的诗《送元二使安西》谱曲而成。因全曲分为三段，反复叠唱三次，故称“三叠”。含蓄深沉，感情真挚；曲调缠绵哀婉，一咏三叹。词、曲和谐配合，相得益彰。尾声更抒发出深沉、凄楚、悲怆的情绪，把全曲推向感情的高潮。

破阵乐

唐代曲廷乐舞大曲。据《新唐书·礼乐志》载：李世民为秦王时，征伐四方，平定叛将刘武周，军中利用旧曲填唱新词，欢庆胜利，于是有《秦王破阵乐》流传，简称《破阵乐》。贞观七年（633），李世民亲制《破阵乐图》，对舞蹈进行加工，又令吕才依图教乐工128人披甲执戟而舞。凡宴三品以上官员及“蛮夷酋长”，于玄武门外演奏。擂大鼓，声震百里，气壮山河。后用马军2000人，引队入场，尤为壮观。

剑 器 舞

古代舞蹈，汉代即有记载。出土的汉画像砖上，也有长剑独舞和两人击剑对舞的场面。唐代流行更为广泛，著名诗人李白、杜甫都有诗描写剑舞抒情的情景。杜甫的《观公孙大娘弟子舞剑器行》一诗，更是脍炙人口。宋以后，作为戏曲、武术的重要组成部分，更是焕发出旺盛的生命力。剑有单、双之分。舞姿英武优美，形式绚丽多彩，风格刚健潇洒、动静有序，讲究手、眼、身、法、步的协调，脚下游走飘忽不定，手上变化眼花缭乱，极具观赏性。

霓裳羽衣舞

也称《霓裳羽衣曲》，简称霓裳。古大型乐舞套曲，其来源诸说不一。一说是唐玄宗在三乡驿眺望女儿山时，产生了奇幻的想象，归来后创作了此曲，一说唐玄宗先作此曲前段，再加上西凉节度使杨敬述所献《婆罗门曲》润饰而成。情调幽雅清丽，着力描绘虚无缥缈的仙境和仙女形象。唐代大诗人白居易曾写诗，对此曲的演唱作了详尽的描述。

刑 名 法 律

黥

黥，在脸上刺上记号或文字，再涂上墨，也叫墨刑。《史记 · 孙子吴起列传》：“（庞涓）以法刑断其两足而黥之，欲隐忽见。”

刺　配

刺配脱胎于上古时期的黥刑，就是在犯人脸上刺字，并发往远地充军。刺相当于墨刑；配则指发往远地充军。《林教头风雪山神庙》：“受了一场官司，刺配到这里。”

充　军

封建时代的一种流刑，把罪犯解到边远地方去当兵或服劳役。

凌　迟

是古代最为残酷的一种死刑。先把犯人的肢体一点一点地割裂到体无完肤，再割掉他的生殖器，女犯则毁坏她的生殖器，然后挖出五脏六腑，最后把肉一点一点刮下来，又称剐刑。五代时开始设立，宋代正式列入刑法之中，明清两代沿用。

车　裂

将人的脑袋、四肢分别拴在五辆马车上，同时向不同方向奔驰，将人撕裂，俗称五马分尸。

炮　烙

把铜柱放在燃烧的炭火上，强迫犯罪的人在铜柱上行走，人站不住，就掉进炭火中被烧死。相传是商代纣王所用的一种酷刑。

笞　刑

是一种用小荆条或小竹板抽打臀、腿、背的刑罚。隋朝把它定为五刑之一，一直沿用到清代。

弃　市

古代时常在闹市执行死刑，并将尸体暴露在街头。秦、汉、魏、晋各代，这种刑罚极为流行。隋唐之后，虽然没有把它列为刑罚种类，但是一般执行死刑都用弃市。

徙　边

古代的一种流刑，谓流放有罪的人到边远地区。《汉书·陈汤传》：“汤前有讨郅支单于功，其免汤为庶人，徙边。”

斩

执行死刑的一种方式，即断头。中国始见于周。古代刑罚：斫头曰斩，斫腰曰腰斩。历代法定死刑均有斩。外国历史上也曾采取斩的方式执行死刑。

刎

割，割断。《韩非子》："抽刀而刎其脚。"《廉颇蔺相如列传》："卒相与欢，为刎颈之交。""刎颈之交"指誓同生死的朋友。刎也指割颈部，割脖子。《荆轲刺秦王》："樊於期偏袒扼腕而进曰：'此臣日夜切齿拊心也，乃今得闻教！'遂自刎。"《项羽本纪》："项羽乃自刎而死。"

绞

执行死刑的一种方式。将被判死刑的人勒死或用绞刑架绞死。中国周时已有《左传·哀公二年》："若其有罪，绞缢以戮。"此后除元代有斩无绞，其余各代均沿用。

支　解

亦作"枝解"。古代分解四肢的酷刑。"支"通"肢"。《战国策·秦策三》："[吴起]攻已成矣，卒支解。"

烹

古代以鼎镬煮杀人的酷刑。《国策·齐策一》："臣请三言而已矣；益一言，臣请烹。"

杖

施杖刑，用棍棒打。《促织》："旬余，杖到百，两股间脓血流离。"

株 连

也叫牵连、连累，指一人有罪，牵连别人。《五人墓碑记》："卒以吾郡之发愤一击，不敢复有株治。""株治"就是牵连治罪。

菹 醢

一种酷刑，把人剁成肉酱。《涉江》："伍子逢殃兮，比干菹醢。"

肉 刑

残害犯人肉体的刑罚。中国古代的墨、劓、刖、宫以及笞、杖等刑罚都是肉刑。

发 配

即充军。古代的一种刑罚，指把死刑减等的罪犯或其他重犯押解到边远地方去服役。

流　刑

古代将罪犯遣送到边远地区服劳役的刑罚，也称“流放”“充军”。秦汉时已有这种刑罚。南北朝时始作为定刑。北周时把流刑分为卫、要、荒、镇、蕃五服，以离开皇都2500里至4500里分五等。隋代定为五刑之一。隋《开皇律》中流刑有三种：1000里、1500里、2000里。唐律把流刑分为2000里、2500里、3000里三个等次。流刑一直沿用至清代。

拶　指

古代的一种酷刑，简称为“拶”。用绳子穿五根小木棍，套入手指用力收紧。所用的刑具叫“拶”或“拶子”。

大　赦

指国家对所有犯罪者赦免或减轻其刑罚的措施。由国家最高权力机构或国家元首发布大赦令施行。方苞《狱中杂记》中“以杀人系狱”的山阴李姓，因“与胥率相表里”而“每岁致数百金”，“康熙四十八年，以赦出”。这里的“赦”就是指大赦。

枭　首

枭首是古代的一种死刑，做法是把犯人的头砍下来，高挂在木杆子之上。枭是一种鸟。据说：枭和一般鸟一样由母枭为幼枭哺食，但母枭老了以后，就力尽眼瞎，不能再为幼枭哺食了。这时幼枭便一起啄食母枭的肉充饥。母枭用嘴死死叼住树枝，听凭幼枭啄光，只剩下脑袋挂在枝头。刑法中的“枭首”，就是根据枭鸟死后首挂枝头这一特点而命名的。根据历史记载：商代初期就有了枭首之刑，从秦代开始形成制度。

立　枷

古代的刑具。明代用木棍制成笼子，上有圆孔，套住颈部，使人立于其中，昼夜唯能直立，以致疲劳过度而死；或在脚下垫物件，抽去后使人悬空致死。

五　刑

古代隋以前以墨、劓、剕、宫、大辟为五刑，隋以后以笞、杖、徒、流、死为五刑。墨刑又叫黥刑、刺字，即在犯人的额上刺字，并涂以墨作为标志；劓，割掉犯人的鼻子；剕刑又称刖刑，即砍掉犯人的脚；宫刑，割去男子的睾丸，破坏女子的生殖机能；大辟，即死刑；笞，用荆棍或竹板子抽打；杖，用棍子打；徒，即徒刑，剥夺犯人的自由；流，流放。

宫　刑

宫刑，又称腐刑、阴刑、蚕室或椓刑，古代的五

唐·三彩宦官俑

刑之一。它是一种阉割男子生殖器，破坏妇女生殖机能的肉刑。宫刑的最初作用是为了惩罚男女之间不正当的两性关系，秦汉以后，宫刑的范围逐渐扩大，成为统治者对付反抗者的一种残酷手段，著名的例子如司马迁受过宫刑。隋朝开皇年间，在刑法上正式废除了宫刑，以后历代刑制上也见不到宫刑，但直到明清时仍见到有宫刑的实例。

七 出

也称“七去”“七弃”。古代丈夫休弃妻子并结束夫妻关系的七条理由。据《仪礼·表服》篇唐代贾公彦义疏说：七出：一是没有生儿子；二是淫荡贪安逸；三是不服侍公婆；四是话多好吵架；五是盗窃家里的东西；六是妒忌；七是患有恶病。对于天子、诸侯之妻来说，生不出儿子可以不“出”，实际上是“六出”。《大戴礼记·本命》和《孔子家语·本命》所列“七出”为：不听从父母（逆德）；不生儿子（绝嗣）；淫僻（乱族）；嫉妒（乱家）；恶疾（不可供祭）；多口舌（离间亲族）；窃盗（反义）。

三 不 去

也称“三不出”，指古代不能休弃妻子的三种情况。

《大戴礼记·本命》谓：娘家无人回不去，不能休弃；曾为公婆服丧三年的，不能休弃；结婚的时候丈夫贫贱，结婚以后丈夫富贵了，不能休弃。戏曲《铡美案》中的陈世美就是犯了其中第三条的典型人物。《唐律》规定：有“三不去”的情况之一而休弃的，丈夫处杖打一百，追回女方仍作妻子。如果妻子患有恶疾和犯有奸情的，不适用此项法律。

唐·三彩武士俑

剕 刑

五刑之一，砍掉罪犯的脚。周代以前叫“膑”，后改为“刖”，周穆王时又改称“剕”。又一种说法：脱去膑骨叫“膑”，砍掉足趾叫“剕”，挑去脚筋叫“刖”。汉文帝废除肉刑时，取消剕刑。

廷 杖

皇帝在朝廷上命令用杖责罚臣下的刑罚。作为皇帝惩罚臣下的常用刑，则是从明代开始的。执行廷杖时由司礼监监刑，锦衣卫施杖。明太祖在洪武六年(1373)，当廷鞭死开国名将、永嘉侯朱亮祖父子，杖死朱文正、工部尚书夏祥等。明武宗正德十四年（1519），因群臣谏阻南巡，当廷杖击进言者舒芬等146人，死11人。廷杖是明代的弊政之一。清朝废除。

腰　斩

古代一种刑罚。用斧钺或铡刀斩断罪犯的腰部，使尸体分为上下两截。秦汉时很盛行，魏、晋、北魏继续采用，北齐、北周、南朝及以后各朝难得使用，不在正式的五刑之内。

赐　死

古代皇族、嫔妃、大臣犯死罪时的一种处死方法。由皇帝诏命罪犯自杀。秦代就有这种刑罚。汉文帝时叫作“自尽”或“自裁”。唐代法律规定：五品以上官员被判死刑的，只要不是犯了谋反、谋大逆等罪，都可以让他在家里自杀。

戮　尸

古代一种酷刑。斩戮死者的尸体。用于行刑前已死的重罪犯人。如被判绞刑的，吊起尸体示众；判斩刑的，割下头颅示众。汉末黄巾起义军首领张角死后，被皇甫嵩的官军发棺、断头、戮尸。明代万历十六年（1588），制定《戮尸条例》，把范围限在谋杀祖父母、父母的凶犯。清代扩大执行范围，包括抢劫盗窃；此外所有斩、枭犯在监牢中死亡的，都得戮尸。清末废止此刑。

削　籍

古代一种处罚。对犯罪官吏革职除名。明代大宦官魏忠贤掌权时，名臣杨上连等都被削职充军。

籍　没

也称“籍”“籍门”。注销户籍并没收罪犯全部家口和财产。从先秦一直沿用至明清；另一种处理是把罪犯的一家人都降为奴隶，或禁止他们的子孙做官。

连　坐

也叫“相坐”“缘坐”。古代一种刑罚制度。因一人犯罪而牵连亲属、邻居、同伍（用于军人）以及其他有关的人都承担罪责。始于先秦，直到清末才废除。

十　恶

十种最重的罪行。北周、北齐的法律上已列重罪“十条”的名目，隋代法律中始有“十恶”之名。《唐律》所列“十恶”的内容是：一、谋反：预谋及实施推翻帝王的统治，包括危害皇帝人身的犯罪；二、谋大逆：（逆：背叛、叛逆。）预谋及实施毁坏王室宗庙、陵墓和宫殿的犯罪；三、谋叛：预谋及实施背叛朝廷、投降外国或其他政权的犯罪；四、恶逆：殴打或谋杀祖父母、父母、杀伯父母、姑、兄、姊、外祖父母、

【画十二月月令图】轴 局部［清］画院 中国台北故宫博物院藏 25－6

【画十二月月令图】轴 局部 〔清〕画院 中国台北故宫博物院藏 25-6

丈夫及其祖父母或父母；五、大不敬：侵犯皇帝的尊严权威，威胁皇帝人身安全的行为。宋代法律中称“大不恭”；六、不道：杀死一家无死罪者三人或三人以上，支解被杀者的肢体，培殖毒虫或配制毒品害人、企图用邪恶的法术使人得灾病或致死的犯罪；七、不孝：告发或咒骂祖父母、父母；祖父母、父母仍活着时分家或供养不足的犯罪。明、清律增加“丈夫的祖父母、父母”。八、不睦：（睦：和好。）亲族之间相犯的犯罪。如图谋杀害和卖掉亲属，殴打或告发丈夫、尊长、亲属的犯罪；九、不义：下属杀本属府主、刺史、县令、现授业师（老师）；吏员杀本部五品以上长官及丈夫死了就改嫁的犯罪；十、内乱：（内：内部、家族内乱；乱：不正当的男女关系，淫乱。）家族内的淫乱行为，如强奸亲属或父、祖父的妾（姨太太）等。“十恶”的规定历代相沿。“十恶”不在宽赦之列，因此俗语有“十恶不赦”。

立　决

也称“绝不待时”，与“监候”相对而言。立时斩、绞罪行严重的犯人，以正国法。明、清时期对被判处死刑的重犯，如大逆、大盗等，不必等候秋审、朝审，即可按照规定手续立即执行死刑。

朝 审

明、清两代的一种审判制度。秋后处决罪犯前，由朝廷重臣会同复审在押死囚。明英宗在天顺三年（1459）从“人命至（最）重，死者不可复生”的观念出发，制定了朝审制度。每年霜降之后，由三法司会同许多官员在承天门外会审在押死囚。死囚往往因此减刑。清代朝审开始于顺治十年（1653），审判对象仅限于京师刑部监狱的囚犯。

秋 审

每年秋天，由刑部长官会同大理寺、都察院长官审理各省上报拟处死刑的罪犯。《礼记·月令》提到：在秋季的第一个月宣布刑事案件的判决。汉代萧何起草刑律，规定立秋判决刑案。明、清时，每年立春以后，刑部各司把各省上报待批的死刑案件分类编册，转送刑部秋审处，由秋审处提出初步审核意见，交刑部堂议。刑部在五月中旬前，由正、副大臣和左、右侍郎进行审议、并把原案材料和刑部审核意见送交内阁各大臣审阅。八月中旬，在朝房进行会审。如果没有异议，判决就定下来。如果有争执，则由刑部报请皇帝裁决。秋审判决分为五种：一、“情实”（罪情确实）；二、“缓决”（罪情不是最严重，可以不杀）；三、可矜（怜悯、同情），指老、幼、残疾等；四、“留养承祀”（独子或父母病老无人奉养）；五、“可疑”（案情尚有疑点，必须进一步研究）。所有情实的罪犯，在十月前处决。“可矜”的罪犯，减为流刑、徒刑。“缓决”和“留养承祀”的罪犯，依法律规定减刑。清代把秋审看作国家大典，表示“慎刑”（即谨慎地使用刑罚，对老百姓负责）。

桎　梏

古代用来拘系囚犯的木制刑具，即通常所说的脚镣和手铐。系住双脚的叫“桎”；系住双手的叫“梏”。《周礼·秋官·掌囚》中说，一切被囚禁的罪犯，罪大的带上梏、拲（双手前铐的铐具）和桎，中等罪行的戴上桎、梏，罪小的戴梏。

帝 王 宫 廷

驸马、额驸

汉武帝时设有驸马都尉一职，作为皇帝的高级侍从官。皇帝出巡时，为了安全起见，常在他乘坐的正车之外，另设副车若干辆，其外观装饰与正车相同。驸马的职责就是掌管副车。起初驸马都尉多由皇室或外戚及王公大臣的子弟担任。到三国时，魏国的何晏因与公主结婚，被授予驸马都尉之职。其后，杜预与司马懿（晋宣帝）的女儿堂山公主结婚，也拜为驸马都尉。魏晋之后，皇帝的女婿照例加驸马都尉称号，简称“驸马”。驸马已不是官职，仅是称号而已。从此，“驸马”就成了皇帝女婿的官名了。清代改称驸马为额驸。

公　主

“公主”这个名词是春秋战国时代才开始有的。周朝的天子把女儿嫁给诸侯，自己是不主持婚礼的，而叫同姓的诸侯来主婚。当时各诸侯国的诸侯一般称“公”，“主”就是“主婚”之意，所以因为是诸侯主婚，天子的女儿就被称为“公主”。当时诸侯的女儿也被称为“公主”。到了汉朝时，只有皇帝的女儿才能称为“公主”，诸侯王的女儿则称为“翁主”。这样，“公

西城公主

主”就只表示皇帝的女儿了。后来，这种叫法就一直延续下来了。

公主、长公主、大长公主

公主是帝王之女的称号，始于战国。汉时皇帝之女称公主，帝之姊妹称长公主，帝姑称大长公主。历代沿之。

皇帝、皇后、太上皇、皇太后

公元前221年，秦王嬴政统一六国后，自称“始皇帝”。从此历代君主都称皇帝；皇帝的正妻称皇后，又叫梓童；皇帝的父亲称为太上皇；皇帝的母亲称为皇太后。

贵　嫔

妃嫔的称号。三国魏文帝时始置，仅次于皇后。晋及南北朝多沿置。

才　人

妃嫔的称号。始设于晋武帝，南北朝至明多设置。唐时，才人初为宫官之正五品，后升正四品。

贵　妃

妃嫔的称号。南朝宋武帝时始置，位次于皇后，隋至清多设置。

皇 太 子

皇帝所指定的继承人。一般为皇帝的嫡长子，但亦常有例外，由皇帝选定册立。清代自雍正帝起不立皇太子。一般称预定继承君位的长子为“太子”。

太　孙

皇帝的长孙称太孙。历代王朝往往于太子殁后册立太孙为预定之皇位继承人。

诰命夫人

在古代，诰和告是近义，把自己的意思告诉给别人称作诰，汉武帝时，用诰来任命百官。从此，诰便成为以上告下的专用字。所谓诰命，就是皇帝赐爵或授官的诏令。明清时代，一品至五品的官员用皇帝的诰命授予，称为诰封。除官员本身，皇帝对官员的先代和妻室也给予荣典。受有封号的贵妇都称为诰命夫人，也称命夫人或直接称为诰命。

格格、郡主

清代皇族女儿的称号。亲王女称和硕格格，即郡主；郡王女称多罗格格，即县主；贝勒女亦称多罗格格，即郡君；贝子女称固山格格，即县君；镇国公、辅国公女称格格，即乡君。

太　监

即“宦官”，是在皇宫中为皇帝及皇族服务的官员的总称。宦官自古就有之，东汉以前，宦官并非都是阉人；东汉以后，宦官都成了阉人。“太监”一词，是早始于唐高宗龙朔二年（662），将掌管乘舆、服饰的殿中省改为中御府，设“中御太监”“少监”。辽代政府机构中，太府监、少府监、秘中监皆设有“太监”。金、元袭辽制，所设各监也多有“太监”。元代太监是诸监中的二级官吏，并非尽是阉割之人。明代，充当太监者必是宦官，但宦官却不尽是太监。太监是宦官的上司，是具有一定品级、俸禄的高级宦官。到了清代，太监成为宦官的专称，宦官与太监便混为一谈了。

掖　庭

班婕妤

皇宫中的旁舍，宫嫔所居的地方。徐陵《玉台新咏序》：“五陵豪族，充选掖庭；四姓良家，驰名永巷。”亦诈“液廷”。《汉书·王莽传》：“液廷媵未充。”

婕　妤

一作“倢伃”。妃嫔的称号。汉武帝时始置，自魏晋至明多沿置。

昭　仪

妃嫔的称号。汉元帝时始置，原为妃嫔中的第一级。自魏晋至明均设置，但地位已经下降。

美　人

妃嫔的称号，西汉始置。《汉书·外戚传序》：“美人视二千石，比少上造。”自东汉至明皆设置。

椒　房

原指皇后宫室，后泛指后妃所住的宫殿，用椒和泥涂壁，取其温暖有香气，兼有多子之意，故名。班固《西都赋》：“后宫则有掖庭椒房后妃之室。”

中　宫

皇后居住之处，以别以东、西二宫。为皇后的代称。《汉书·霍光传》：“有椒房中宫之重。”

外　戚

外家的亲属，特指帝王的母族或妻族。

摄　政

古代君主年幼不能亲政，由最近的戚族或亲族权且代行职务。如周成王时周公摄政，汉平帝时王莽摄政；

清世祖时睿亲王多尔滚摄政；宣统中醇亲王载沣摄政；北洋军阀统治时期，总统缺位，由内阁代行职务，亦称摄政。

阏　氏

亦作“焉提”“瘀支”。汉时匈奴单于、诸王之妻的统称。

亲　王

爵位名。其名始于南朝末期。隋代以皇帝的伯叔兄弟和皇子为亲王，唐代以皇帝的兄弟和皇子为亲王。宋、明各代，一般沿袭不改。清代宗室封爵第一级称为和硕亲王，主要以封皇子、蒙古贵族亦有封亲王者。

亲　政

皇帝幼年继位，由皇太后垂帘听政，或由近亲大臣摄政，至成年后始亲自执政，谓之“亲政”。《汉书·王莽传上》：“皇帝年在襁褓，未任亲政。”

永　巷

汉代宫中长巷，为幽禁妃嫔或宫女的处所。《史记·吕后本纪》：“乃令永巷囚戚夫人。”武帝时改为掖庭，并设狱。也指皇宫中妃嫔的住所。

单　于

匈奴最高首领的称号。全称应作“撑犁孤涂单于”。匈奴语“撑犁”是“天”，“孤涂”是“子”，“单于”是“广大”之意。通常简称为“单于”。

可　汗

亦作“可寒”“合罕”。古代柔然、突厥、回纥、蒙古等族最高统治者的称号。三世纪时鲜卑族中亦有此称，但作为最高统治者的称号，始于402年柔然首领郁久闾社仑称丘豆伐可汗。宋、元以后汉文史籍中省称为汗。

对食、菜户

皇帝只有一个，而宫女嫔妃却众多。那些得不到皇帝宠幸的嫔妃和宫女便和宦官相好，虽然宦官不能行夫妻之事，但多少可以给予一些心理上的慰藉和生活上的照顾，这种现象宫中称为“对食”，与宦官对食的宫女称为“菜户”。

太监塑像

礼制政事

朝觐

周代诸侯朝见天子的礼制。诸侯朝见天子，“春见曰朝，秋见曰觐”，此为定期朝见。春秋两季朝见天子，合称为朝觐。

封禅

古代帝王登基之初祭天地的典礼。泰山筑坛祭天，报天之功，谓之“封”；于泰山下梁甫（又作文）山上祭地，报地之功，谓之“禅”。商、周、秦，均封禅于泰山。汉定新制，立石筑坛，坛中封玉牒书，是日天子着黄衣，籍五色土以祀之。后代沿用汉制。封禅实为建国定邦的大典。

冠礼

古代男子成年时（20岁）加冠的礼节。冠礼在宗庙中进行，由父亲主持，并由指定的贵宾给行冠礼的青年加冠三次，先后加缁布冠、皮弁，并给起一个与德行相当的美“字”，使他成为受人尊敬的贵族成员。因为男子20岁行冠礼，所以后世将20岁称作“弱冠”。

九　拜

我国古代特有的向对方表示崇高敬意的跪拜礼。《周礼》谓“九拜”：“一曰稽首，二曰顿首，三曰空首，四曰振动，五曰吉拜，六曰凶拜，七曰奇拜，八曰褒拜，九曰肃拜。”这是不同等级、不同身份的社会成员，在不同场合所使用的规定礼仪。

稽　首

古代的拜礼。为“九拜”之一。行礼时，施礼者屈跪地，左手按右手，拱手于地，头也缓缓至于地。头至地须停留一段时间，手在膝前，头在手后。这是九拜中最隆重的拜礼。常为臣子拜见君王时所用。后来，子拜父、拜天拜神、新婚夫妇拜天地、父母、拜祖拜庙、拜师、拜墓等，也都用此之礼。

顿　首

古代的拜礼。为“九拜”之一，俗称叩头。行礼时，头碰地即起。因其头接触地面时间短暂，故称顿首。通常用于下对上及平辈间的敬礼，如官僚间的拜迎送，民间的拜贺、拜望、拜别等。也常用于书信中的起头或末尾，如丘迟《与陈伯之书》“迟顿首。陈将军足下无恙，幸甚幸甚……丘迟顿首。”

空　首

亦称“拜手”。古代的拜礼，为“九拜”之一，空首者，先以两手拱至地，乃头至手，是为空首，以其头不至地，故名空首，行礼时，双膝着地，两手拱合，俯头到手，与心平而不至地。男子均行此礼。

肃　拜

亦称“手拜”。古代的拜礼，为“九拜”之一。拜时跪双膝后，两手先到地，再拱手，同时头低下去至手为止。此为女子所用。

折　腰

即拜揖。鞠躬下拜，表示屈辱之意。《晋书·陶潜传》载：陶渊明曾为彭泽县令，州郡派督邮巡视至县，县吏劝陶束带迎见，他感叹地说：“吾不能为五斗米折腰，拳拳事乡里小人邪！”李白《梦游天姥吟留别》：“安都摧眉折腰事权贵，使我不得开心颜。”

膜　拜

古代的拜礼。行礼时，两手放在额上，长时间下跪叩头。原专指礼拜神佛时的一种敬礼，后泛指表示极其恭敬或畏服的行礼方式。今人多用“顶礼膜拜”形容对某人崇拜得五体投地。

鞠　躬

表示恭敬的礼仪。上身微前倾。弯曲得越深礼越重。一般给长辈或平辈中年长者行此礼。举行婚礼时新郎新娘、学校中学生对老师、追悼死者时向遗体或遗像致意等，均行之。

拱　手

古代的一种相见礼。两手在胸前相合表示敬意。

跪

两膝着地，挺直身子，臀不沾脚跟，以示庄重。如《廉颇蔺相如列传》：“于是相如前进缶，因跪请秦王。”

坐

席地而坐，两膝着地，臀部贴于脚跟。为了表示对人尊重，“虚坐尽后，食坐尽前”。“尽后”是尽量让身体坐后一点，以表示谦恭；“尽前”是尽量把身体往前挪，以免饮食污染坐席而对人不敬。

揖　让

古代宾主相见的礼节。揖让之礼按尊卑分为三种，称为三揖：一为土揖，专用于没有婚姻关系的异性，行礼时推手微向下；二为时揖，专用于有婚姻关系的异性，行礼时推手平而致于前；三为天揖，专用于同性宾客，行礼时推手微向上。

殉　葬

就是用人或物陪葬。早在原始社会，人们便习惯于把随身使用的工具、武装以及生前喜爱的日用品和死者埋葬在一起。奴隶社会时期，常常将奴隶杀死或活埋，用来殉葬。封建社会里，妇女则成为殉葬的牺牲品。在《西京杂记》的记载中，周幽王的坟墓有 100 多名女子陪葬。秦代人殉制发展到极点，最为残酷。汉以后，人殉作为一种制度，已不存在。明初曾一度恢复人殉，到明英宗时废止。在古代殉葬礼制中，物殉是一种普遍现象，崇尚厚葬，历代不绝。

牺　牲

古代祭祀用的牲畜。色纯为“牺”，体全为“牲”。《左传·曹刿论战》中有这样的话：“牺牲玉帛，弗敢加也，必以信。”

五　礼

古代五种礼仪的合称，即吉礼、凶礼、军礼、宾礼和嘉礼。“吉礼”用在祭祀方面，“凶礼”用在丧葬方面，“军礼”用在军队方面，“宾礼”用在宾客方面，“嘉礼”用在男子20举行冠礼（戴上帽子），表示已经成人。“五礼”又指五种等级的礼仪。即公、侯、伯、子、男五等的礼仪；或指天子、诸侯、卿大夫、士、庶民五等的礼仪。

纳　采

纳：奉献、交纳；采：彩礼。“六礼”之一。婚姻缔结程序中的第一个步骤。男方家长请媒人向女方家长提出婚约，女方家长同意后，男方就派人向女方赠送礼物。据《礼记》《仪礼》说，礼品规定是大雁。唐、宋以后，雁不易弄到，便允许用野鸡或鸡、鸭、鹅代替。后世也称“下定”。

交　拜

旧婚礼中新郎、新娘对面相拜的一种仪式。

问　名

“六礼”之一。婚姻缔结程序中的第二个步骤。男方向女方问明待嫁闺女的情况。“纳采”结束后，男方代表再拿了大雁向女方家长问明待嫁闺女的年月日时（以便算生辰八字和合婚宜忌）等，回去报告男家。

纳　吉

“六礼”之一。婚姻缔结程序中的第三个步骤。男方在宗庙里卜问。如果得到的是凶兆，婚姻程序到此中断。如果得到的是吉兆，男方再派代表，告知女方，签订书面婚约。

纳　征

也称“纳币”“纳财”。六礼之一。婚姻缔结的第四个步骤。民间习俗叫作下彩、下礼、下聘礼。聘礼的多少，一般由女方提出、双方商定或依照惯例。历代官府多规定聘礼的最高限，聘礼的数量也表示社会等级。聘礼与婚书在确认婚姻成立这点上，有同等的法律效力。“纳征”标志定婚阶段结束，夫妻名份就此确定。如果解除婚约，就属于再嫁或再娶。

请　期

也曰“告期”，“六礼”之一。古代婚姻缔结的第五个步骤。男方派人携雁与女方商定成婚日期。一般由男方决定，派人把期帖送给女方，作为正式通知。选吉日良辰，用卜筮或查历书的方法来确定。宋代以后法律规定，定婚后到成婚的期限不得超过三年，元代以后延长为五年。逾期又无正当理由，女方可告官府解除婚约。

亲　迎

“六礼”之一。婚姻缔结的第六个步骤。新郎奉父命亲自到女家去迎接新娘（《周礼》：天子不亲迎）。这是新郎第一次正式出面。而且也只是接受了父亲的命令。新人接到男家之后，举行共牢合卺（jǐn）礼。

合　卺

就是把一只葫芦剖为两瓣，新婚夫妇各取一瓣（瓢）饮酒，表示互敬互爱。唐、宋以后，用彩色丝线把两只酒杯连接起来，夫妇交换酒杯饮酒，叫做“交杯酒”。也有把夫妇的头发各剪几根下来，结在一起，叫做“合髻”，从此就成了“结发夫妻”。

拜　堂

中国旧时婚礼的一种仪式，唐代已有此称。封演《封氏闻见记》卷五：“近代婚嫁，有障车、下婿、却扇及观花烛之事，又有卜地、安帐并拜堂之礼。上至皇室，下至士庶，莫不皆然。”王建《失钗怨》：“双杯行酒六亲喜，我家新妇宜拜堂。”按唐代拜堂之仪，或与后世不同，说见赵翼《除亥丛考》卷三十一。宋代于婚礼之次日行新妇拜重礼。近代新式婚礼亦称新郎新妇交拜礼为“拜堂”。

五　服

①古代丧服的五个等差。根据与死者间亲属关系的亲疏而制定。分为斩衰、齐衰、大功、小功和缌麻。也用以表示亲疏远近的亲属关系。《晋律》中已根据“五服”来定罪，作为刑事立法的依据。明、清律中都附有丧服图。②古代统治阶级的五等服式。《尚书·皋陶谟》：“天命有德，五服五章哉。”指天子、诸侯、卿、大夫、士五等礼服。

斩　衰

斩：丧服不缝下边；衰：即“缞”。用最粗的麻布制成的丧衣，披在胸前。古代丧服的名称。“五服”中最重的一种。用三升麻布(麻缕八十根为一升，升数越少，布质越粗。）制成，不缝下边，使断处外露毛糙，不整

齐。表示哀伤透顶，不讲究衣着。服期是三年（实际上历朝多是二十七个月，晋朝是二十五个月）。儿子、未嫁女儿为父母亲，妻为丈夫，承重孙（自己和父亲都是嫡长而父亲先死，在祖父母死亡时做丧主）为祖父母，

服“斩哀”。子服父丧称“孝子”。除服“斩衰”外，还须腰束粗麻腰带，手持哭丧棒，表示不思饮食，形销骨立，要持棒站立或行走。

齐　衰

齐：缝下边的意思；衰：用粗麻布制成的丧服。古代丧服的名称。“五服”之一。低于“斩衰”，高于“大功”。用五升麻布制成。丧期分五等：①齐衰三年（实际二十七个月）。父亲已死，儿子为母亲或母亲为长子服三年。明、清两代由于母亲升“斩衰”，长子降为“不杖期（十三个月）”，废除了这一等级；②齐衰杖期。一年（实际十三个月或十五个月）。杖是“哭杖”，哭得非常伤心，全身发抖，站不稳，走不动，就拄（扶）杖。斩衰、齐衰三年、齐衰杖期，都要拄杖。父亲活着，儿子为母亲、丈夫为妻服之；③齐衰不杖期。丧期为十三个月，不拄杖。为祖父母、伯叔父母、兄弟、众子（长子以外之子）、侄、嫡孙以及未出嫁的姑母、姊妹、女儿所服；④齐衰五月。唐太宗时增加，为曾祖父母所服。⑤齐衰三月。为高祖父母所服。

大　功

功：指对丧服用布的处理。五服之一。古代丧服的名称。低于“齐衰”，高于“小功”。用九升熟麻布制成。丧期有两等：①大功九月。为堂兄弟、众孙，以及出嫁了的姑母、姊妹、女儿等所服；②大功七月。为“齐衰不杖期”亲属中的中殇者（十六岁到十九岁夭折的是长殇，十二岁到十五岁夭折的是中殇，八岁到十一岁夭折的是下殇。凡是夭折，都比原来的丧服降一等）所服。明、清两代废止殇服，为夭折者的丧服等级不变，因而没有“大功七月”这一等级。

小　功

功：指对丧服用布的处理。五服之一。古代丧服的名称，低于“大功”，高于“缌麻”。丧服用十一升熟麻布制成，丧期为五个月。为祖父母、姨母、舅甥（原来服“缌麻”，唐代改为“小功”）、妯娌、嫂叔（原来无服，唐代改为“小功”），从祖父母、从祖兄弟所服。

缌　麻

缌：细麻布。五服之一。古代丧服的名称，低于“小功”。丧服用十五升细麻布制成。丧期限为三个月。为岳父母、女婿、曾孙、族曾祖父母、族祖父母、族父母等所服。

丁　忧

丁：成年男子。忧：因父母死去而悲伤。古代一种丧礼的名称。成年男子因父母死去非常悲伤，停止工作，在灵前或墓旁守孝。据《礼记·杂记》说：古代“丁忧”

者居丧三年；《丧服大记》说，居丧期间“寝苫枕块，非丧事不言”。《唐律》规定，丧期内举办婚事或脱掉丧服游乐，就属于“不孝”之罪；丧期内“生子，徒一年”。宋真宗咸平元年（998）诏书中说：在朝的高级官员父母死了要居丧，并穿孝服，不得离任。穿孝服叫“丁艰”，父死叫“丁外艰”，母死叫“丁内艰”。

请　安

①问好。用于下对上或平辈；②古代宴会时留客之辞。《仪礼·乡饮酒礼》：“主人曰：‘请安于宾。’”胡培翚正义：“请安，蔡氏德晋云：‘留宾安坐也。’”

禅　让

相传尧为部落联盟领袖时，四岳推举舜为继承人，尧对舜进行三年考核后，使之帮助办事。尧死后，舜继位，用同样推举方式，经过治水考验，以禹为继承人。禹继位后，又举皋陶为继承人，皋陶早死，又以伯益为继承人，但被启所杀。这种古代部落联盟推选领袖的制度，史称“禅让”。

夏　禹

寿终正寝

正寝即正屋。古代贵族死后，一般停灵于正寝。以后俗称年老病死在家中（正常死亡）为寿终正寝。这个成语比喻事物的灭亡（含讽刺意味）。

招　魂

古人认为死是灵魂离开了躯体，因此想通过招魂，让灵魂归复于躯体。这种仪式旧称为复。其法于人死之时，其亲属登上房屋北面，招呼死者的名字（男呼名，女呼字），连呼三遍。招而不复，才开始号哭。

讣　告

意思是报丧，也指报丧的通知。臣死，其子遣人赴于君所告丧；君死，则赴于他国告丧。不是居住在一处的亲属同僚也要赴告。“赴”后来写作“讣”。

吊　唁

死者的亲友、同僚、上下级等接到讣告，要派人前往吊丧，表示慰问致哀，叫吊唁。《赤壁之战》：“肃请得奉命吊丧二子。”其中“吊”即吊唁。

奔　丧

《礼记·奔丧》孔颖达疏：“案郑《目录》云，名曰《奔丧》者，以其居他国，闻丧奔归之礼。”按孙希旦《集解》云：“奔丧者，在外闻其亲属之丧而归也。”又：“以丧之轻重，则有父有母有齐衰以下。”是奔丧非专指奔亲丧，但后来沿用，则专指奔赴亲丧而言。

敛（殓）

敛的仪式是在沐浴后进行的。敛指收敛，给尸体穿衣下棺，后来写作殓。殓有大殓小殓之分。小殓是指给尸体裹上衣衾；大殓是指把裹了衣衾的尸体装进棺材。小殓、大殓又可统称为入殓或装殓。《祭妹文》：“矜殓汝葬汝。”

守　灵

小殓毕，撤幕帷而陈尸于堂。停尸的堂叫灵堂。堂上、堂下各点一至二烛，亲属着丧服日夜守灵哭尸。如果是君主，则有下属臣僚守灵哭尸。未殓时哭声不绝，三日小殓后的守灵，则按漏刻轮番哭。小殓后，子女哭灵皆持杖，叫孝杖，俗称哭丧棒，以表示悲痛难支。《阿Q正传》：“洋先生扬起哭丧棒来了。”

殡

死者入殓后，并不立即安葬，往往要停柩待葬一段时间，这叫做殡。古代丧礼，停尸仅数日，停柩一般要数月之久。据《礼礼·王制》，天子死后七日而殡，七月而葬；诸侯五日而殡，五月而葬；大夫以下三日而殡，三月而葬。因为种种缘由停柩长至三五年十来年的，历史上也不乏其例，甚至还有终其殡而未葬的情况。停柩时间长，常常因为丧礼繁缛，尤其是天子诸侯，要制造工程浩大的坟墓及大量特制的随葬品、陶俑等，而耗费大量的人力和时间。

出　殡

把灵柩送到埋葬的地方叫做出殡，也就是通常所说的送葬。送葬时的礼制一般是白衣执绋。白衣指送葬者要穿上白色的丧服。但春秋时晋国丧文公适逢与秦交战，因怕不吉利，所以穿着战时的黑色衣服埋葬了文公。从此，黑衣送葬成了晋国的习俗。不过在其他国度里，仍然是白衣送葬。绋是拉灵车的绳子。执绋的原意是亲友们帮助接灵车，《礼记·曲礼上》：“助葬必执绋。”这实际上只是一种形式。这种习俗一直流传到现代。由于古时送葬必执绋，所以执绋又可作为送葬的代称。

挽　歌

送葬时所唱的哀悼死者的歌叫挽歌。古乐府相和曲中的《薤露》《蒿里》都是挽歌，陶渊明也有《挽歌》三首，（《纪念刘和珍君》引用其中的四句：“亲戚或余悲，他人亦已歌，死去何所道，托体同山阿。”）后世的挽联、挽词就是从挽歌歌词演变来的，而现在的哀乐也同挽歌的作用大体相当。

棺、椁、柩

棺，即棺材。装殓死人的器具，一般用木材制成。椁，指外棺，套在棺材外面的大棺材，主要用来保护内棺，有时椁不止一重，多的可达三四重。后世之所以能出土保存完好的古尸与殉葬品，常常是与椁的保护作用分不开的。柩，指已装殓尸体的棺材。

圹、封、冢、坟、茔、陵

埋葬灵柩的墓穴旧称圹，也叫窀穸。《祭妹文》："惟汝之窀穸尚未谋耳。"对墓穴进行聚土堙埋，称为封，封有时也作为名词，指坟墓。《五人墓碑记》："而五人亦得以加其土封，列其姓名于大堤之上。"此名中的"封"即坟墓之意。坟墓被封成土丘形，称为冢。冢也常常用来指坟墓，如《游褒禅山记》："今所谓慧空禅院者，褒之庐冢也。"杜甫《咏怀古迹》："一去紫气连朔漠，独留青冢向黄昏。"青冢即王昭君的坟墓。坟墓也叫坟茔。《祭妹文》："先茔在杭"，是说祖宗的坟地在杭州。在上古时期，坟和墓是两种不同的格制。坟指高出地面的土堆，墓指埋葬死者的地面，坟高墓平。墓上加坟的习俗大约起源于春秋时期。所以《礼记·檀弓》说："古者墓而不坟。"帝王的坟墓叫陵、陵墓或陵寝，如黄帝陵、乾陵、十三陵。李白《忆秦娥》：“西风残照，汉家陵阙。”

太牢、少牢

牢是作祭品用的牛羊猪。古代天子祭祀用牛、羊、猪三牲叫太牢。诸侯祭祀用羊、猪二牲叫少牢。《礼记·五制》：“天子社稷皆太牢，诸侯社稷皆少牢。”古人又把牛叫太牢，羊叫少牢。欧阳修《伶官传序》：“其后用兵，则遣一从事以一少牢告庙。”

太庙、七庙

宗庙是帝王或诸侯祭祀祖宗的地方，也叫太庙、祖庙。古代把宗庙看作是国家的象征，国有大事，必告于宗庙，以示尊敬之意。欧阳修《伶官传序》：“其后用兵，则遣一从事以一少牢告庙，请其矢”，“方其亲燕父子以组，函梁君臣之首，入于太庙，还矢先王”。其中的“庙”“太庙”即此义。七庙，指天子的宗庙。《礼记·王制》：“天子七庙。”古代天子之庙，太祖庙居中，左右三昭三穆，共为七庙。《过秦论》：“一夫作难而七庙隳。”“七庙隳”就是国家灭亡的意思。

属　纩

病重将死叫弥留或临终。病人在临终时，房屋内外要打扫干净，撤去音乐钟磬。旁人把新的丝棉放在病人口鼻上，借以观察是否断气，这一仪式叫属纩。“属”的意思是放置，“纩”的意思是丝棉。所以《礼记·大表记》上说：“属纩以俟绝气。”后来，属纩就成了临终或弥留的代称。

子贡庐墓处

庐　墓

古礼，父母或老师死后，服丧期间在墓旁搭盖小屋居住，守护坟墓，称“庐墓”。《新唐书·韩思彦传》：“张僧彻者，庐墓三十年。”

丧　礼

处理死者殓殡祭奠和拜踊哭泣的礼节。古为“凶礼”之一。

大　祥

古代父母丧二周年的祭礼。《礼记·间传》：“父母之丧……又期而大祥。”

小　祥

父母死后周年的祭名。《仪礼·士虞礼》：“期而小祥。”期，周年。

忌　日

父母或祖先死亡的日子。古时每逢这一天，家人忌饮酒作乐，所以叫“忌日”，也叫“忌辰”，《礼记·祭义》：“君子有终身之丧，忌日之谓也。”又已死父母的生日叫“生忌”。

除　服

也叫“除丧”。守孝期满，除去丧服。《礼记·檀弓上》：“子夏既除丧而见。”

降　服

旧谓丧服降低一等。如子为父母应服三年之丧，其已出嗣的，则为本生父母降三年之服为一年之服，称“降服子”。

成　服

旧时丧礼，大殓之后，亲属按照和死者关系的亲疏穿上不同的丧服。叫“成服”。《礼记·奔丧》：“三日成服，拜宾送宾皆如初。”

社会阶层

士

商、西周及春秋时最低级的贵族阶层。《书·多士》："用告商王士。"又《酒诰》："厥诰毖庶邦庶士。"春秋时，士每多为卿大夫的家臣，有的有食田，有的以俸禄为生。《国语·周语上》："大夫、士日恪位著，以儆其官。"《国语·晋语四》："大夫食邑，士食田。"也有参加农业生产的。《礼记·少仪》："问士之子长幼，长则曰能耕矣。"春秋末年后，逐渐成为统治阶级中知识分子的通称。

士　族

一称"世族"。东汉以后在地主阶级内部形成的各地大姓豪族，在政治、经济各方面享有特权。《北史·裴让之传》："河东士族，京官不少。"

士大夫

古代指官僚阶层。《考工记》："作而行之，谓之士大夫。”郑玄注：“亲受其职，居其官也。”旧时也指有地位有声望的读书人。

农

直接从事农业生产的劳动者（不包括农奴和农业工人）。在封建社会，遭受地主的残酷剥削，同地主有程度不同的人身依附关系，但不像农奴那样可以被买卖、抵押或转让。

百　工

西周时工奴的总称。春秋时沿用，并成为各种手工业工人的总称。《论语·子张》：“百工居肆，以成其事。”

臣　妾

西周、春秋时对奴隶的称谓。男奴称臣，女奴称妾。亦作为所属臣下的称谓。

隶

我国古代对一种奴隶和差役的称谓，多指因罪而被没入官奴者。《左传·襄公二十三年》：“斐豹，隶也，著于丹书。”杜预注：“盖犯罪没为官奴，以丹书其罪。”

僚

我国古代对一种奴隶和差役的称谓。《左传·召公七年》："隶臣僚，僚臣仆。"孔颖达疏引虔曰："僚，劳也，共劳事也。"

仆

我国古代对一种奴隶和差役的称谓。《白克壶》："易（赐）白克仆卅夫。"《叔夷钟》："余易（赐）女（汝）马车戎兵、厘（莱）仆三百又五十家。"《左传·昭公七年》："僚臣仆，仆臣台。"后泛指供役使的仆人。

诸 侯

西周、春秋分封的各国国君。规定要服从王命，定期朝供述职。同时有出军赋和服役的义务。按礼其所属上卿应由天子任命。但他们世袭占有封地及其居民，在其封疆内世代掌握统治大权。

卿 大 夫

西周、春秋时国王及诸侯分封的臣属。规定要服从君命，担任重要官职，辅助治理国家，对国君有

【画十二月月令图】轴 局部［清］画院 中国台北故宫博物院藏 25－7

【画十二月月令图】轴 局部 ［清］ 画院 中国台北故宫博物院藏 25-7

纳贡赋与服役的义务。但在其“家”内，为一“家”之主，世代掌握所属都邑的军政大权。

家　臣

春秋时卿大夫的臣属。当时卿大夫的宗族与政权组织称“家”，总管“家”务的叫宰。其所属都邑也设有宰。宰下又设司徒、司马、工正、马正等官职。担任这些官职的，总称为家臣。家臣不世袭，由卿大夫随意任免。规定家臣要效忠于卿大夫，不得越级。

家　奴

古代私家所属的奴隶。《明史·郭英传》：“御史裴承祖劾英私养家奴五百十余人。”

国　人

西周、春秋时对居住于国都平民的通称。《周礼·泉府》：“国人郊人从其有司。”贾公彦疏：“国人者，谓住在国城之内，即六乡之民也。”国人有参与议论国事的权力。春秋时各国国君和大臣常驻机构召国人来“询国危”“询国迁”“询立君”。国君的废立，卿大夫间内讧的胜负，常由国人的向背而决定，国人也有服军役和缴军赋的义务。

君子、小人

西周、春秋时对贵族的通称。《书·无逸》："君子所其无逸。"孔颖达疏引郑玄曰："君子，止谓在官长者。"《国语·鲁语上》："君子"与"小人"逐渐成为"有德者"与"无德者"的称谓。

望　族

有声望的世家大族。秦观《小俭论》："小谢二氏，最为望族；江左以来，公卿将相出其门者十七八人。"

奴　婢

古代称罪人的男女家属没入官中为奴者；后泛指丧失自由、被人奴役的男女。又太监亦以此自称。

苍　头

古代私家所属的奴隶亦作仓头。《汉书·鲍宣传》："苍头庐儿，皆用致富。"颜师古注引孟康曰："汉名奴为苍头，非纯黑，以制于良人也。"后来用为仆隶的通称。

家　僮

古代私家所属的奴隶。《史记·吕不韦传》："不韦家僮万人。"后作为童仆的通称。

宾　客

战国时贵族官僚对所养食客的称谓。东汉以后世家豪族对依附人口的一种称谓。

佃　客

历代世家豪强荫庇下的一种依附农民。《晋书·食货志》："又得荫人以为衣食客及佃客。……其应有佃客者，官品第一第二者佃客无过五十户，第三品十户，第四品七户，第五品五户，第六品三户，第七品二户，第八品、第九品一户。"后来也用以指租种土地的佃户和佃种田庄田地的庄客。

赘　婿

俗称"招女婿"。中国宗法制度下就婚于嫁的男子。入赘后，须改从妻姓，所生子女从母姓。

官　户

南朝、隋、唐的罪役户。宋代官户指品官之家，享有免役免税等特权。

包 衣

满语，“包衣阿哈”的简称。亦作“阿哈”。“包衣”即“家的”；“阿哈”即奴隶。汉译为“家奴”“奴隶”“奴仆”或“奴才”。历史上满族社会的最低阶级。为满族贵族所占有，没有人身自由，被迫从事各种家务劳动和生产劳动。来源有战俘、罪犯、负债破产者和包衣所生的子女等。清朝在全国范围内建立统治后，包衣有因战功等而置身显贵的，但对其主子仍保留奴才身份。

舂

古代对一种妇奴的称谓。因被强迫从事舂米，故名。秦汉时是对一种刑徒的称谓。

客 户

汉魏以来，在残酷的封建剥削和土地兼并下，大量农民流亡各地，成为官僚地主门阀豪族的佃客、浮客、隐户、荫户、苞荫户等。唐有主户、客户之别。承认有产的客户与当地的主户同属两税户。晚唐以后，户口再出现主客之分，所谓客，专指佃客。宋户口统计中，主户、客户以有无土地区分。宋元之际，“客户”名称完全消失。

寒　士

魏、晋南北朝时寒门人士的称谓。也称贫苦的读书人。杜甫《茅屋为秋风所破歌》：“安得广厦千万间，大庇天下寒士俱欢颜！”

宗法家庭

东道主

泛指待客的主人。此词来源很早。据《左传·僖公三十年》载：晋国和秦国合兵围郑，郑文公派大夫烛之武往见秦穆公，劝其退兵，理由是“若舍郑以为东道主，行者之往来，共其乏困，君亦无所害。”即秦国放弃围攻郑国，让郑国作为秦国东道的主人（因郑国在秦国之东），招待秦国的使节，这对秦国有利而无害。东道主的说法由此而来。

伯（孟）、仲、叔、季

兄弟行辈中长幼排行的次序。伯（孟）是老大，仲是老二，叔是老三，季是老四。古代贵族男子的字前常加伯（孟）、仲、叔、季表示排行，字的后面加“父”或“甫”字表示男性，构成男子字的全称，如伯禽父、仲尼父、叔兴父等。

家 祭

古人在家庙内祭祀祖先或家族守护神的礼仪。唐代即有专人制订家祭礼仪，相沿施行。宋代陆游《示儿》诗中有这么两句:“王师北定中原日，家祭无忘告乃翁。”

族 谱

亦称“宗谱”“家谱”等。为家族社会叙门第、明世系、定规约之谱录。周时即设有小史之官专司“奠系世，辨昭穆”。魏晋南北朝行九品中正制，贵族门第多有族谱。宋以降，倡行科举取士，任官不再稽谱，时士庶家族亦日渐发达，民间修谱之风始盛。内容多为叙族谱、赞祖先、登载家庭成员出生、嫁娶及所属世系、记族产、详规制、录诗文等。

家 规

家族成员必须信守的内部行动准则。一般由家祖或家长根据社会现实和家庭情况而制定。宋朝家规，凡举止行动、书翰礼仪均有规定，违背家规，必遭惩罚和制裁，以警告家族其他人员。通常也把惩治犯规者的用具称为“家法”。

祠 堂

亦称“家庙”“祠庙”“宗祠”等，为家族祭祀祖先及会议之场所。先秦天子与士大夫皆有家庙，一般人民则于寝祀祖祢神主。宋元以后，家族社会日益发达，士庶多建宗祠。宋至明初祠堂多附于居室之左，明中叶以后祠堂多建在家族村落中心。清代祠堂更为普遍。祠堂以始祖或始迁始神主为核心，左昭右穆排列祖先或先哲神主。家族会议、教训、行法亦多于祠堂举行。

九　族

古代家族血缘世系的通称。古籍中对九族的解释有所差异，一种说法将九族规定为九代的直系亲属，包括高祖、曾祖、祖父、父亲、自己、儿子、孙子、曾孙、玄孙；另外一种说法则认为九族指外祖父、外祖母、从母子、妻父、妻母、姑之子、姊妹之子、女之子、己之同族。不管九族指代的具体是哪些家族成员，其株连范围都相当广泛，稍有牵连者都难逃一死。

六　亲

古代对亲族（属）的统称。按《左传》谓“父子、兄弟、姑姊、甥舅、婚媾、姻亚”为亲，即直系血缘家族成员外，包括了部分姻族成员。汉代以血统近亲与姻缘近亲为基准，确定以“外祖父母、父母、姊妹、妻兄弟之子、从母之子、女之子”为六亲。后世又有将六亲范围缩小到家族范围，即以父母、兄弟、妻子为六亲。

五　属

同族中最近的亲属。即高祖父、曾祖父、祖父、父亲及与自身有血缘联系的亲属。或指祖、父、兄弟、子、孙。旧时常以五属表示亲缘关系的接近。

归　宗

①古代妇女已嫁，归省父母，父母虽卒，也得归家省问，以示不绝于宗族。②旧指人子出嗣异姓别支或流落在外，复归还本宗。《官场现形记》第五十二回："小侄不远数千里赶回归宗，担当一切大事。"

康熙皇十子像

归　省

回家探望父母。朱庆馀《送张景宣下第东归》诗："归省值花时，闲吟落第诗。"

世　袭

世代承袭，多用于帝位，爵位和领地等。清代爵位承袭，皆有代数限制；其不限制者，称为"世袭罔替"。

世　父

即伯父。《尔雅·释亲》："先生为世父，后生为叔父。"

世　子

古代天子、诸侯的嫡长子。《白虎通·爵》："所以名之为世子何？言欲其世世不绝也。"清制，亲王之嫡子得封为世子。

世　兄

世交之家平辈间的称谓。也用作对世交晚辈的称呼。旧时科举，亦称座师、房师之子为世兄。

宗　庙

①古代帝王、诸侯或大夫、士祭祀祖宗的处所。《礼记·中庸》："宗庙之礼，所义祀乎其先也。"②王室的代称。《汉书·霍光传》："伊尹相殷，废太甲以安宗庙。"

宗　亲

①同母兄弟。《史记·五宗世家》："孝景皇帝子凡十三人为王，而母五人，同母者为宗亲。"②同宗亲属。《后汉书·梁冀传》："诸梁及孙氏中外宗亲送诏

狱，无长少皆弃市。”孙氏为冀之妻。亦专称同一祖先所出的男系血统。《三国演义》第一回：“玄德曰：‘我本汉室宗亲，姓刘，名备。’”

宗　室

①同一祖宗的贵族，指国君或皇帝的宗族。《史记·孙子吴起列传》：“及悼王死，宗室大臣作乱而攻吴起。”又清代制度，只有显祖塔克世（努尔哈赤的父亲）的直系子孙始得称为“宗室”。因以系黄色带为标志，故称黄带子。②古代称“大宗”的庙。③唐代之前士大夫同祖之属亦称“宗室”。

宗　祠

祠堂、家庙。旧时同族子孙供奉并祭祀祖先的处所。《红楼梦》第一百零四回：“次日一早，[贾政]至宗祠行礼，众子侄都随往。”

嫡　子

正妻所生的儿子；也指正妻所生的长子。按嫡子有二义：一指嫡妻所生的儿子；一专指嫡妻的长子。

嫡　母

妾生的子女称其父的正妻为“嫡母”。《南史·刘灵哲传》：“灵哲倾产赎嫡母及景焕，累年不能得。”

庶　人

西周以后对农业生产者的称谓。西周时国王常以庶人赏赐臣下，春秋时，他们的地位在士以下，工商皂隶之上。秦汉以后泛指无官爵平民。

庶　母

旧时嫡出子女称父妾为“庶母”。《尔雅·释亲》：“父妾为庶母。”

庶　民

众民、平民。《诗·大雅·灵台》：“庶民攻之，不日成之。”

姓名称谓

帝尧

姓氏的来历

古代姓氏有别，姓表血统，氏则表职官、表居地、表职业等。同一姓可以衍分许多氏。今日的姓大多来自古代的氏。我国姓氏丰富，表明了我国历史悠久。姓氏中反映了历史。女字旁的姓，像“姬”“姚”“姜”等，都是非常古老的姓，它使我们想起远古母系亲属集团；夏、殷、周、齐、鲁、晋、楚、韩、赵、魏、秦、宋等姓氏，令人想起了中国古代诸侯林立的情景；从骆、蚁、鹿、羊、马、牛、熊、龙、鱼、鲍和动物名称相同的姓氏，使我们想起太古图腾社会的图腾信仰；从组成巫卜、商贾、帅尉、文史等词汇的姓氏，我们可以想见历代的许多行业；从金、蒯、萨、慕容等等姓氏，我们想到了中华民族血统交流和文化融合的痕迹。

名、字

古时候，名是出生三月或百日后才取的。取名极为慎重，据说要取信、义之类的意义，而不以山川、畜牲、器物为名。但也有“不讳恶名”的例子。“字”义为本尊，即生儿育女之义。周制：贵族子弟男二十、女十五为成年，可以正式参加社交。男子结发加冠，女子结发加笄。与此同时，男婚取字，故有“男子二十冠而字”，“女子许嫁笄而字”的说法。故古籍中有“待字闺中”，“尚未字人”的说法。名与字在意义上是相关合的，如孔丘字仲尼，仲为排行，“尼”为山名，与丘相应；孟轲字子舆，“轲”与“舆”皆与车有关。

庙　号

皇帝死后在太庙立室祀奉的名号。在古代，皇帝死后，都要在皇家的祖庙——太庙里立室祀奉，并题一个某祖某宗的名号，如汉武帝、唐太宗、明太祖等。皇帝的庙号从汉朝起就有，后代的史书也多用庙号称呼皇帝。

谥　号

古代帝王、诸侯、大臣、士大夫等具有一定地位的人死去之后，根据他们的生平事迹与品德修养而给予的带有评判性质的一种名号。谥号的选定要根据谥法。谥法中规定了一些具有固定涵义的字,供确定谥号时选用。这些字大体分三类，一类是表扬的，如经纬天地曰文，克定祸乱曰武；一类是批评的，如好内远礼曰炀，杀戮无辜曰厉；一类是同情的，如蚤（同“早”）孤短折曰哀，慈仁短折曰怀等。先秦时的谥号以用一个字为常，也有用两三个字的，如齐桓公（桓）、秦穆公（穆）、晋文公（文）等。汉代以后，谥号多为两个字，如诸葛亮谥忠武侯（忠武），岳飞谥武穆王（武穆），史可法谥忠烈公（忠烈）等。

号

名称。如年号、牌号。亦用为商店的代称。如：本号、分号。

别　号

指人名字以外的自称。陶潜《五柳先生传》：“宅边有柳树，因以为号焉。”

绰　号

诨名、外号。《水浒传　》第三十七回：“原是小孤山下人氏，姓张名横，绰号船火儿。”

尊　号

尊崇帝、后的称号。封建时代臣下以尊崇的名号进之于帝后，或嗣皇帝尊前皇帝、皇后为太上皇、皇太后等皆为上尊号。

乳 名

小名。《宋史·选举志三》："凡天官宗子应举，初生则用乳名给据，既长则用训名。"

官 名

①旧时称在乳名以外起的正式名字。②官衔。

昆 仲

兄弟的称谓。昆，兄；其次曰仲。有时也可称"昆玉"。

同 袍

对同窗、同仁的称谓。本意指战友，后用以泛指有过共同奋斗经历的同事、同学等。

考 妣

父母死后的称谓。《礼记·曲礼下》："生曰父，曰母，曰妻；死曰考，曰妣，曰嫔。"《书·舜典》："百姓如丧考妣。"古时亦用以称在世的父母。《尔雅·释亲》："父曰考，母曰妣。"郭璞注引《苍颉篇》："考妣延笫。"

太　翁

曾祖父。《南史·齐废帝郁林王纪》：“年五岁，床前戏，高帝方令左右拔白发，问之曰：‘儿言我谁耶？’答曰：‘太翁。’高帝笑谓左右曰：‘岂有为人作曾祖，而拔白发者乎！’”亦以称祖父。陆游《戏遣老怀》：“稚孙能伴太翁嬉。”

太　婆

即曾祖母。

公

称丈夫之父，公公。如公婆。古代亦以称祖父及父亲。《史记·外戚世家》：“封公昆弟。”司马贞《索隐》：“公亦祖也。”《国策·魏策一》：“张仪欲穷陈轸……其子止其公之行。”另外，也是对尊长或平辈的敬称。

婆

丈夫的母亲。《儒林外史》第三回：“婆媳两个都来坐着吃了饭。”也通指长两辈的亲属妇女。如：叔婆；外婆；姑婆；姨婆。

翁

父。如令翁、尊翁。《史记·项羽本纪》：“吾翁即若翁。”也有夫之父；妻之父之意。如：翁姑、翁婿。

爷

①父亲。古乐府《木兰诗》：“军书十二卷，卷卷有爷名。”②对尊者的称呼。如王爷、相爷。从前但以呼父，未有以呼贵官者，自此以后，遂相沿为尊贵之称。有些方言也称祖父。

太 君

古代官员之母的封号。《事物纪原》卷一：“唐制四品妻为郡君，五品为县君，其母邑号皆加太，君封称太，此其始也。”《宋史·职官志十》载群臣母妻封号：母封国太夫人、郡太夫人、郡太君、县太君，视官阶为次。后亦用以尊称他人的母亲。

大 父

①祖父。《韩非子·五蠹》：“大父未死，而有二十五孙。”②外祖父。《汉书·娄敬传》：“冒顿在，固为子婿；死，外孙为单于；岂曾闻外孙敢与大父亢（抗）礼哉！”

大　母

①祖母。《汉书·文三王传》："李太后，亲平王之大母也。"②古代称太后。周密《齐东野语》卷十一："穆陵初年，尝于上元日清燕殿排当，恭请恭圣太后，既而烧烟于庭，有所谓地老鼠者，经至大母圣座下，大母为之惊惶，拂衣起。"旧时庶子称父亲的嫡配。

大　兄

长兄。古乐府《孤儿行》："大兄言办饭，大嫂言视马。"也用为对朋友的敬称。三国时，吕蒙称鲁肃为大兄，见《三国志·吴书·吕蒙传》裴松之注引《江表传》。

王　父

祖父。《尔雅·释亲》："父之考为王父。"又曾祖为曾祖王父，高祖为高祖王父。

王　母

①祖母。《尔雅·释亲》："父亲之妣为王母。"②岳母的敬称。《颜氏家训·风操》："中外丈人之妇，猥俗呼为丈母，士大夫谓之王母。"

泰　山

唐玄宗李隆基到泰山封禅，丞相张说担任封禅使，顺便把他的女婿郑镒也带去了。按照老规矩，有幸随皇帝参加封禅者，丞相以下的官吏都可以升一级。郑镒本是九品官，张说利用职权，一下子把他连升四级。唐玄宗在宴会上看到郑镒突然穿上五品官穿的红色官服，觉得奇怪便去问他。郑镒不知如何回答。这时，擅长讽刺的宫廷艺人黄幡绰在一旁调侃道："此泰山之力也！"一语双关，唐玄宗心照不宣，事情就这样混过去了。后人因此称妻子的父亲为"泰山"。因为泰山又称东岳，是五岳之长，所以又转而把妻父称做"岳翁""岳父"等。妻母则称作"岳母"。

东　床

指女婿。东晋时郗鉴让门人到王导家去物色女婿。门人回来说："王家少年都不错，但听到消息时，一个个都装出矜持的样子，只有一个年轻人，袒腹东床，只顾吃东西，好像没听到我们说话一样。"郗鉴一听忙说："这个人正是我要物色的好女婿！"以后，人们就称女婿为"东床"。这个袒腹东床的青年就是后来的大书法家王羲之。

羲之爱鹅

妻子的别称

小君、细君：最早是称诸侯的妻子，后来作为妻子的通称。皇后：皇帝的妻子。梓童：皇帝对皇后的称呼。夫人：古代诸侯的妻子称夫人；明清时一、二品官的妻子封夫人；近代用来尊称一般人的妻子。荆妻：旧时对自己妻子的谦称，也说荆人、荆室、荆妇、拙荆、山荆、贱荆，表示贫寒之意。糟糠：形容贫穷时共患难的妻子。内人：过去对人称自己的妻子。书面语也称内子、内助。对别人尊称贤内助。内掌柜：旧时称做生意人的妻子为“内掌柜”，也称“内当家”的。浑家：早期丈夫对妻子的称呼。娘子：有些地方称妻为娘子，也有的称娘儿们，还有的称婆娘。堂客：江南一些地方称妻子为堂客。媳妇儿：河南农村普遍的叫法。老婆：北方城乡的俗称，多用语口头语言。继室、续弦：妻亡后再娶的。

先　生

“先生”一词最早见于《论语》。《为政》篇里记载：“有酒食，先生馔”，它的意思是指父兄。但是不同时代“先生”的指代有所不同。经书中的先生大多指的是老师，后来人们把年长有德者也尊称为先生。正因为如此，孔子被后来封建各王朝尊称为“大成至圣先师”。到了元代，把道士也称先生。如今，“先生”已成为社会场合通用的礼貌称谓，不仅男人可以称做“先生”。

女人也可以称做“先生”。有些女子也把自己的丈夫称为“先生”。在有些地方，有称医生为“先生”的。

太　太

“太太”作为对已婚妇女的称呼，始于明代官场。明代中丞以上官员的妻子被称为太太。北洋军阀和民国时期，太太的称呼开始泛用，从大帅到芝麻官，其眷属可相称太太。后来此风渐渐扩大到了民间。现在，更是广泛在台、港、澳及海外华人社会中流行。

老　爷

明清时官场上称“爷”，是一种很普遍的现象。中央九卿、翰林和地方司道以上官员统称为“老爷”；其余的小官只能称“爷”。清乾隆年间，九卿、翰林和司道以上官吏升格称“大老爷”；府县长官称为“太老爷”；举人、贡生则称“太爷”。清末，知县、未加衔的知府以及六品以上的佐吏俱称“大老爷”，举人、贡生、和监生称“老爷”。

大　人

规格比“爷”的尊称高出一筹。清代京官四品以上，地方官司、道以上称为“大人”。清末六品翰林、七品编修有时也称做“大人”。

清·二品朝冠顶戴

月　老

指媒人。唐代韦固在赴长安途中旅寓宋城。晚上，他见一老人在月下查书，便上前攀谈。老人说自己是管人世间男女婚姻的，他袋中有一条红绳，如果用这红绳两端系住男女的脚，这对男女即使两家世仇也会成为眷属。韦固便问自己的婚姻，老人说，你将与一位种菜的女儿结婚，后来果然如此。因此，人们就称媒人为“月下老人”，简称“月老”。

避　讳

指凡遇到和君主尊长的名字相同的字面，则用改字、缺笔等办法来回避。如唐太宗名世民，《捕蛇者说》把“民风”写成“人风”。苏轼的祖父名序，苏洵写文章改“序”作“引”，苏轼又改用“叙”。

寿　称

上寿指 90 岁以上者；中寿指 80 岁以上者。下寿指 60 岁以上者；喜寿指 77 岁。因为汉字草书中，“喜”字看似七十七，故借以指 77 岁；米寿指 88 岁。因为“米”拆开来，就成为八十八三个字，故借此指 88 岁；白寿指 99 岁。因为“百”字去掉上部的“一”为“白”字，而百少一为九十九，故借此指 99 岁；茶寿指 108 岁。因为“茶”字的草字头看似二十，余下者折成“八十八”，二者相加为 108。故借此指 108 岁。

平民的称谓

百姓是古代对贵族的总称。商代的奴隶主是贵族，总称为“百姓”（因为当时只有贵族才有姓）。战国以后，“百姓”为平民的通称，与“民”为同义词。黎民即百姓。一说“黎”通“骊”，黑色。“黎民”因黑发而名，一般泛指劳动人民。布衣即平民。古代富人穿丝绸，平民穿麻布，所以叫“布衣”。庶人又叫“庶民”，西周以后对农业生产者的称谓。西周时庶人可作被封赐的对象，其身份比奴隶高。秦汉以后，泛指未做官的一般平民。

三姑六婆

是指从事九种职业的女人。其说法起自宋元时代的口语。元代陶宗仪《南村辍耕录》载：“三姑者，尼姑、道姑、卦姑也。六婆者，牙婆、媒婆、师婆、虔婆、药婆、稳婆也。即“三姑”是从事宗教活动的三种职业女人。“六婆”中的“牙婆”是贩卖人口的人；“媒婆”是专门撮合婚姻的；“师婆”即巫婆；“虔婆”指妓院的鸨母；“稳婆”是指接生婆；“药婆”职业不详。

前　辈

对年纪大、资历深的人的敬称。刘衍文《与钱钟书》：“默公前辈著席。”也可称“长者”“尊者”。

足　下

古代下称上或同辈之间的称呼。

高　堂

父母的敬称。韦应物《送黎六郎赴阳翟少府》诗："日夕慰高堂。"

平　君

父亲的别称，也可称"严亲"。对他人谦称自己的父亲时，可称"家父""家严""家公"。

慈　亲

母亲的别称，也可称"慈母""慈闱""慈躬"。对他人谦称自己的母亲时，又称"家母""家慈""家亲"。

贤母图

尊　堂

对人母的敬称，也可称"尊慈""令堂"。

尊　公

对人父的敬称。刘表《遗袁谭书》："尊公殂殒，四海悼心。"也可称"尊翁""尊甫"。

先　父

亡父的称谓。先，敬词。顾颉刚《与胡适》："先父宿的图书古物，一生收集当有五千件。"也可称"先人""先严""先君"。

先　母

亡母的称谓。先，敬词。也可称"先慈""先亲"。

伉　俪

对夫妇的称谓。原指妻子。左思《咏史》"买臣因采樵，伉俪不安宅。"后通称夫妇。

千　金

对未婚女儿的称谓，有尊贵之意。起源于士大夫文人间，后流行于民间。《元曲选·薛仁贵荣归故里》："你仍是官宦人家的千家小姐，请自稳便。"清代以后盛行。

恩　师

学生对老师的敬称。也可称"业师""师尊"。对友人的老师，则可敬称"尊师"。

桃　李

桃树和李树，比喻所培养的人才。常用于对别人学生的美称。例《资治通鉴·唐纪·则天后久视元年》：“天下桃李，悉在公门矣。”

总　角

古时儿童的代称。因古代小孩把顶上的头发扎成髻，称为总角，故称。

豆　蔻

称十三四岁的少女。出自杜牧《赠别》诗。其一首有“娉娉袅袅十三余，豆蔻梢头二月初”之句。豆蔻是一种多年生常绿草本植物，每年春末开花，花色鲜艳，二月初正含苞待放，诗人用“豆蔻梢头二月初”来比拟“娉娉袅袅十三余”的少女。后人们即以豆蔻称十三四岁的少女。

及　笄

称15岁的少女。《礼记·内则》说“女子十有五年而笄”。笄是簪子，古时用于插住挽起的头发，女子挽发插笄相当于男子加冠，故称年达15岁的女子为及笄。

弱　冠

称 20 岁的男子。《礼记·曲礼上》说：“二十曰弱，冠。”意指男子 20 岁已经成人，可以加冠行礼，但由于体力不够壮实，故称。

壮　室

称 30 岁的男子。《礼记·曲礼上》：“三十曰壮，有室。”即男子到 30 岁，体力健壮，可以娶妻成家，故称。

而　立

指称 30 岁。《论语·为政》中有“三十而立”，故后称 30 为“而立”之年。

不　惑

指称 40 岁。《论语·为政》：“四十而不惑。”意为社会经验较多，遇事能辨是非，不再疑惑，故后称 40 岁为“不惑”之年。

古　稀

即“古稀之年”，70 岁的代称。杜甫《曲江》诗有“酒债寻常行处有，人生七十古来稀”。

献瑞图

耄　耋

对高龄老人的通称。耄耋都是称呼老年人的，如“六十曰耄”、“七十曰耋”、“八十九十曰耄耋”等。

期　颐

一般指百岁老人。百年曰期，颐是供养，意谓百岁老人饮食起居不能自理，需要孝子尽养老之道。

经典国学口袋书

01 周易
02 道德经
03 庄子
04 论语
05 孟子
06 大学·中庸
07 孙子兵法
08 三十六计
09 百战奇略
10 六韬·三略
11 山海经
12 左传
13 战国策
14 史记·本纪
15 史记·世家
16 史记·列传
17 汉书
18 后汉书
19 三国志
20 吕氏春秋
21 资治通鉴
22 中国通史
23 中华上下五千年
24 贞观政要
25 中国古代文化常识
26 中国古代名言警句
27 徐霞客游记
28 容斋随笔
29 金刚经
30 忍经·劝忍百箴
31 忠经·孝经
32 智囊
33 梦溪笔谈
34 本草纲目
35 黄帝内经
36 菜根谭
37 小窗幽记
38 颜氏家训
39 围炉夜话
40 曾国藩家书
41 诗经
42 楚辞
43 古诗
44 唐诗三百首
45 宋词三百首
46 元曲三百首
47 千家诗
48 豪放词
49 婉约词
50 世说新语
51 笑林广记
52 古文观止
53 唐宋八大家散文
54 诸子百家名句赏析
55 四书五经名句赏析
56 二十五史名句赏析
57 古代散文名句赏析
58 古代诗词名句赏析
59 红楼梦诗词名句赏析
60 阅微草堂笔记
61 闲情偶寄
62 三字经·百家姓
63 幼学琼林
64 声律启蒙·弟子规
65 千字文·增广贤文
66 对联
67 俗语
68 谚语
69 歇后语
70 格言联璧
71 中华寓言故事
72 中华典故故事
73 中华成语故事
74 中国十大喜剧故事
75 中国十大悲剧故事
76 中国皇帝传
77 中国皇后传
78 中国宰相传
79 中国将帅传
80 白话聊斋

三　秦　出　版　社

地处周秦汉唐千年古都西安的三秦出版社，建社30多年来始终以弘扬和传播优秀传统文化为己任，依托三秦大地无比丰厚的历史文化积淀，出版了大批特色鲜明、极具文化传承价值的精品图书，创造了良好的社会效益和经济效益。为顺应构建全民阅读时代、建设书香社会的需求，我社经充分调研策划，从浩如烟海的国学宝库中精心遴选，编辑出版了“中华经典国学口袋书”系列丛书，包含经史子集、诗词曲赋、笔记信札、经典名句等80部精品佳作，内容精粹，外观精美，便于携带，定会为您居家出行增添颇多书香雅趣。

8-25 【画十二月月令图】轴 局部 [清] 画院 中国台北故宫博物院藏

25－8　【画十二月月令图】轴　局部［清］画院　中国台北故宫博物院藏